落ちる！

そこから〝第二の人生〟が始まった

新谷直慧
ゴッドライター

風雲舎

「人は、自分以外のもののために生きられるようになって、初めて〈生〉のスタートを切る。
自分自身に向けたのと同じだけの関心を、仲間にも向けられるようになったときに」

（A．アインシュタイン）

（はじめに）

「落ちる」ことで新たな道が……

友人を介して、ある神さまから「あなた自身の本を書きなさい」と、メッセージをいただきました。二〇二〇年の初めのころです。では書いてみようと思うのですが、なかなか筆が進みません。自分が書くものが誰かの役に立つとは思えなかったからです。とはいえ、神さまがそうおっしゃるには意味があるのだと思い、書いているうちに気づくかもしれないと思い直しました。

大方の原稿を書き終えた猛暑の八月末、私は書店で一冊の本に出遇いました。見慣れないその本を棚から取り出しパラパラとページをめくっていたときに、ある言葉が私の心を突き刺しました。そしてわかったのです、テーマはこれだと。

そこには「人生には二つの旅がある」と書かれていました。

一つの旅は、あなたの人生を充実させ完成させるもの。

もう一つの旅は、そこから降りることでスタートするもの。

後者は、これまでなかった方法で、人生をまったく別の熟成に導くものだといいます。

本のタイトルは『上方への落下』（ナチュラルスピリット）。著者はメキシコに住むフランチェスコ会の神父さま、リチャード・ロール氏。

原稿を書きながらも確信をもてないでいた私のテーマが、そのとき、まさにそこにあることに気づいたのです。課題は自分から選べるものではなく向こうからやってくる——と著者はいうのですが、事実、私のテーマは向こうからやってきました。

思えば、そうしたことは私の人生の中で何度も起きたことでした。それは突然起きるアクシデントといってもよく、それによって私はいつも大きく方向転換を迫られました。

最初「どうしてこんなことが起きるの？」と落胆し、戸惑い、悩んだものの、結局受け入れるしかありません。それが二度、三度と続くと、受容できるようになり、そこから始まるであろうストーリーを心のどこかで楽しみにするようにもなりました。

そのコツは、たった一つ、「いいことなのか、悪いことなのか判断せず」に「受け入れる」でした。それが最悪の「落ちる」出来事であっても、起きたことをただただ受け入れていく。そうしていくと、やがて新たな道が開けることを知りました。

ですから行き詰まると、やってくるものをただ待つようになりました。ただじっと待つのです。ですから、やってきた瞬間「これだ」と直感でわかります。

これまでの多くの本は、人生の成功について語り、その方法を説いたものでした。たとえば世界的ベストセラーであるスティーブン・R・コヴィーの『完訳 7つの習慣』（キングベアー出版）には、この世界で成功するために必要なすべてのことが書かれています。同様に多くの教養書では、いかに自分を磨き、いかに高めるかが書かれています。そうした本を書きあげた人は、人生で多くのことを学び、それを自ら成し遂げてきました。

リチャードさんは、そうした成功への道、自らを高める道を「第一の人生」と呼び、その上で、「第二の人生」の必要性について語っています。

第二の人生とは、第一の人生とはまったく別の「成熟」を目指すもので、現世の成功が、事業の失敗や、病気や、さまざまなつまずきで失われることで、そうしたものをつかんでいた自分を捨てざるをえず、やむなく手を放すと、一見、落下するかに見えて、じつは上空へ投げ上げられるというすごい仕組み（神の恩寵）がある、というのです。

そしてまた、この第二の人生は、第一の人生に真剣に取り組んできた人たちが進める道だともいっています。

思えば私は、こうした第二の人生を意識することなく知らずに歩いてきました。なぜなら私のこれまでの人生に起きたことは、そうしたアクシデントに溢れていましたし、その都度、軌道修正をしながら自分なりに第二の人生を歩いてきたからです。

最初に「落ちる」という体験をしたのは、ロッキー山脈にヘリスキーに出かけたときです。初日早々に滑落して、私のスキーは岩の前でかろうじて止まりました。あと1メートル超えていたら死んでいたかもしれません。命拾いしたものの、その恐怖感は思った以上に巨大でした。それを仲間たちに助けられて乗り越えられたとき、大きな解放感を経験し、「落ちる」ということは「飛ぶ」ことだと気づきました。

最初のきっかけが、スキーという遊びの中で起きたことはラッキーでした。まだおもしろがる余裕があったからです。

やがて仕事上でも、人生の途上でも、そんなことが次々と起きましたが、スキーで体得した「落ちる」は心の奥深くにずっと残っていて、多くの人がいうように、「ピンチはチャンス」だと思えるようになっていました。

自分の思いどおり生き成功に至る人生は、理想の人生といわれますが、私は次第に、そこで真に満たされることはないと思うようになりました。人は生まれる前に、この人生での使命を計画してくるといわれています。私たちは手探りしながら社会的成功に向かいます。けれど、「生まれてきてよかった！」と本当に歓ぶことができるのは、自分の使命を思い出し、それに近づいたときです。

もちろん、最初からそうした歓びに出会えるわけではありません。自分で選んだ方向は何度も何度も軌道修正させられます。それをただ受け入れ、その流れに身を任せることで、その軌道は社会が求めるものから、やがて己の魂の発露するところへと変化していきます。

そんなことは誰も教えてくれません。助言を求めれば、多くの人はむしろ反対するでしょう。一見、落ちていく道だからです。

「落下は飛翔」と今でこそいえますが、その途上にあったときの私は、まさしく不安の中にいました。けれど自分の直感に従いました。

そう、信じられるのは自分の直感だけです。その行き着く先に待っているのが、魂の歓びです。

新しい道は、自分が知らない道です。向こうからやってくるものだからです。そこに選択肢はありません。しかもそれはアンハッピーな顔をしています。けれど起きることを自分の思考で判断せずに、そのまま受け入れて、魂からの発露である直感に従えば、やがて第二の人生は始まります。

『落ちる！　そこから〝第二の人生〟が始まった』……目次

（第7章）愛しかない……163

表紙彫り絵……作宮 杏奈「新しい地球」
カバー装丁……………………前村 啓司

第1章　落ちる

ロッキー山脈で滑る

四十歳になったばかりのとき、私は女友だちと一緒にロッキー山脈にヘリコプタースキーに出かけました。編集会社をやっていたひろこさん、テレビ制作会社にいたまりこさん、外資系銀行で働いていたけいこさん。キャリアウーマンと呼ばれるようなバリバリ仕事をしていた友人たちでした。

アメリカの友人から勧められたというスキーツアーの話をもってきたのがけいこさん。ちょうどクリスマスからお正月にかけての十日間でもあり、私はそのツアーの話に乗ることにしました。

それはＣＭＨ（Canadian Mountain Holidays）という、ロッキー山脈の中腹に十軒ほどのロッジを持ち、山岳ガイドを抱えるカナダの会社によるヘリコプタースキーツアーでした。ロッキー山脈中腹にあるロッジに滞在しながら、日に十数回ヘリコプターで山頂に飛び、そこからスキーで降りてくるという、ちょっとスケールの大きなツアーでした。

カルガリーの空港からバスで四時間ほど、さらにロッキー山脈の中腹のロッジへと向かうヘリコプターの中でツアーの説明を受けました。聞いたことのない単語が何度も繰り返されます。英語は長年アメリカで暮らしていたけいこさん頼みです。話のポイントは雪崩《なだれ》が起きた際にどう対処するかというものでした。新雪をスキーで横切ると、雪崩が起きやすいというのです。

現地に到着してまず始まったのが、非常事態を想定した訓練。麓から中腹のロッジまでヘリコプターで飛び、プロペラが回っているヘリコプターから身体を低くして乗り降りする練習。それから各自胸から下げる発信器を手渡されました。雪崩に巻き込まれて雪中に埋まった場合、ほかのメンバーが救出役となるのですが、その練習でした。大変な事態を想定してのことです。それだけで、とんでもない世界に飛び込んだことを思い知らされました。

カナディアンハウスの景観をもったロッジには、暖かく暖炉が燃えるロビー、その奥には広いキッチンとダイニングルームがあり、さらにサウナとプール、テラピールームもありました。部屋にはテレビも電話もありません。下界のことはしばし忘れなさいということでしょう。世界各国からやって来た数十名がこれから一緒に休暇を過ごします。毎年このヘリコプタースキーに参加するために日頃から身体を鍛えているというハワイの弁護士や医師、実業家らしい人。このツアーを楽しみにしている常連さんも少なくありません。

部屋の窓からは美しい白銀の山々が望めます。

麓から見上げるアルプス、それは私のもっとも好きな風景で、そこに冠雪が加われば最高でした。二十代のころ、スイスのローザンヌに半年住んだことがあり、晴れた日にはレマン湖の向こうにアルプスが見えました。目を瞑《つむ》ると、その風景が甦ります。エベレストの麓には、エベレストの峰々を眺められるエベレスト・ビューというホテルがあると聞いて、いつかそこに行くのが私の夢でした。このロッキーアルプスの旅もその延長上にありました。

ロッジに入ると、持参したスキー靴を、レンタルする新雪用のスキーにセッティングしてもらうためにフロントに預けました。自分の体重に合わせてフィッティングしてもらいます。

翌朝、全員斜面をスキーで初滑り。その様子をインストラクターたちが見ながら、技術レベルごとにいくつかのクラスに分けました。私たち四人は仲間ということで一つのクラス。そこに数名の男性が加わりました。一日に何度もそれぞれの山の頂までヘリコプターで飛び、そこからスキーで降りて来て、また別の山頂を目指すのです。

コースは、その日の気象状況と雪の状態を観測して選ばれます。まっすぐ降りても三〇分ほどかかりますが、途中何度か転んでは新雪にすっぽり埋まりますから起き上がるのも大変。やすやすとは降りてこられません。

ガイドがまずコースを選びながら降りていき、そのシュプールを追って私たちがそのあとに続きます。ところがたちまちその姿は見えなくなるので、彼はヨーデルで私たちを誘います。途中に大きなモミの木がいくつも雪をかぶって立っていますが、「木にはけっしてキスをするな！」と注意されました。ぶつかれば、木を覆っていた雪がドサリと落ちてきたり、木の周りには雪が溶けた大きな穴《ホール》ができていて、そこに突っ込むと出てこられなくなるため、非常に危険だと。

氷点下の銀世界。お天気が良ければ絶好のパウダースノー。ヘリコプターはガソリン給油のためにロッジに戻りますから、くたびれたらそのとき休憩しても、その日の予定を終えてもいいのです。

初日だったこともあり、チーズとサーモンのホットサンドとホットミントティーのランチを雪上で食べたあと、私以外の三人はロッジに戻りました。あまりの楽しさに、私は一人残って滑り続けることにしました。午後最初のコースは、山頂付近がアイスバーンになっていて、滑り降りたところには大きな岩《ロック》があるからくれぐれも気をつけるように注意されました。

滑落！

青白い凄みを帯びたアイスバーンを見て身体が引けたのか、滑り出した途端、私は最初のターンに失敗して転び、頭からガガガーと滑落。ものすごいスピードでどうにも止まりません。このまま落ちて頭を下のロックにぶっつけて死ぬんじゃないかという恐怖が湧き上がりました。

滑り落ちながらそのロックに近づいたとき、片方のスキーが何かの拍子に外れ、そこでバランスが崩れたのでしょうか、もう片方の足がバタンと反対側に回転してブレーキ役となり、奇跡的にロック寸前で止まりました。気がつくと、遠巻きに見ていた人たちのため息と歓声が聞こえました。何が起きたのかわからないまま私は、ああ助かったと感じていました。

その夜から熱が出て、身体の震えが止まりません。翌朝、滑るつもりでいったん外に出るには出たのですが、斜面が怖くてどうにも足が動きません。ロッジに戻りました。お昼には心配した友人が戻ってランチを一緒にしてくれましたが、熱は下がらず、恐怖心もおさまりません。ツアーは始まったばかりだというのに、ベッドに戻るしかありません。

夕食が終わると、担当ガイドのロディが私の部屋にやって来て、懸命に励ましてくれます。「君はラビットではない、ライオンだよ!」と、ライオンの吠え声を出すよう促しました。カナダ人のガイドたちが、私たち日本人の名前を一人ひとり覚えるのは大変らしく、スキーウェアの色から思いつくまま呼んでいて、ベージュのウェアを着ていた私はラビットと呼ばれていたのです。

その日、私は一人で窓から見える山の斜面を降りるイメージ訓練を懸命に繰り返していました。それが功を奏したのでしょうか、また雪上に立てるようになりました。やった、というその爽快感。私はそれを忘れることはできません。大きな恐怖心を乗り越えたのです。

それが意外に大きな出来事だったことは、帰国してからわかりました。仕事生活に戻ると、「何でもできるぞ！」という気持ちになっている自分に気づいたのです。限界のようなものを何も感じません。それまで気づかなかったのですが、恐怖心というのは、こんなに人をがんじがらめに束縛するものだということを、私はそのとき知りました。

落下は飛翔

仕事に戻ってスキーツアーを振り返ってみると、大事なことはカナディアンロッキーの美しさでも、眺望絶景のロッジでもなく、自分が「落ちた」ことでした。

当時私は、スキーに夢中でした。スキーで滑り降りることはまさに落下ですが、落ちるというよりは飛ぶ感覚です。足が雪上から離れ、身体がふわっと浮くとき、いつも飛ぶ感覚を味わっていました。

とくに滑り始めるとき、下を見ると、身体が竦《すく》んで身体を前に倒すことができません。身体が後ろに引けると、重心が後ろに移動してスキーに乗られてしまうので、なるべく身体を前に倒すことが必要だと教えられていました。

つまりスキーというのは、どれだけ身体を捨てられるかというチャレンジなのです。滑り降りる先を目で確認し、そのあとはなるべく遠くに視線を転じ、美しく冠雪した山並みを見て、その山の名を呼んでから滑り降りるようにしていました。

通常、私たちはいろいろな意味で、「落ちる」ことを避けようとします。とりわけ「真っ逆さまに落ちる」ほど、危険なことはありません。けれど落ちることによって始まることがあることを、私はロッキーのスキーツアーで体感したのです。落ちるとは、私にとってまさに飛ぶ体験だったのです。真っ白な雪山の中で暮らした十日間の時空間を、私はそのあと何度も思い出し、それを自分の心の宝物にしていました。

思えば、このヘリコプタースキーツアーは、その後の紆余曲折人生の始まりでした。思いどおりのことをして生きていた自分の生き方が、そこから大きく変わったことを私はまだ知りませんでした。

そのころの私は、三十六歳で始めた編集制作会社リエゾンが軌道に乗っていて、仕事仕事に追われていました。時代はバブルの真っ只中。どの企業もＰＲに努めていて、自社のコンセプトを見直して謳《うた》ったり、イメージアップを狙ったユニークなＰＲ雑誌が次々と創刊された時期です。リエゾンもそうした大手企業のＰＲ誌制作を何誌か手がけていて、目が回るほどの忙しさでした。

組んでいたデザイナー、カメラマン、イラストレーターが優秀だったこともあり、そのいくつかが評価され紹介されると、仕事が次々と舞い込み、女性数名の手では追いつかずに断ることも少なくありませんでした。編集会社を立ち上げたのは単行本をつくろうと思ってのことですが、その原点を振り返る余裕もありませんでした。

いのちを受け入れた日野原先生

私は編集者としてこれまでいろいろな人に出会ってきましたが、じつをいえば、その方々に私自身育てられてきました。その中でも私が強く惹かれたのは、自分の思いどおり生きてきた人ではなく、何らかのアクシデントや思いがけない出来事、つまり落ちることで、人生を変えざるをえなくなった人たちです。その方々に共通しているのは、毅然とした覚悟があることです。

聖路加国際病院の院長だった日野原重明《ひのはらしげあき》さんは、幾度も起きたアクシデントがきっかけで、いのちを重んじる医師になったことを、私は自分が手がけた『いのちのメッセージ』（三笠書房）で知りました。

日野原さんは医師を目指し、京都帝国大学医学部に入学したものの肺結核にかかり、休学を余儀なくされます。もはや医者にはなれないかもしれない……。その嘆きを紛らわせてくれたのは音楽でした。

宣教師でもあったピアノの先生に「あなたには音楽の素質があるから、アメリカに行って音楽家の道に進みなさい。紹介してあげるから」といわれ、そこに希望を見出しますが、両親に反対されて断念。

留年したあとも体力は回復せず、医学部の教授になりたいという夢も断念せざるをえなくなります。そんな折、東京の聖路加国際病院が心臓専門医を探していることを知り、そこで働くことを決心します。「箱根を越えると、そこから先は東大の派閥で、京大出身者には大変だよ」と忠告も受けますが、気にしません。

赴任した一九四一年に太平洋戦争が勃発。医師たちにも召集が来ますが、結核の後遺症のために兵役を免除されていた日野原さんは、残った女医たちと共に、空襲で被災した多くの人たちを、地下室に移された病棟で助けます。

爆撃されなかった聖路加国際病院は戦後、連合軍に接収されて居場所がなくなったため、未使用だった東京都の有床診療所を借りて診療を続けました。

五十八歳のとき、日航機・よど号ハイジャック事件に遭遇します。機は日本刀を帯刀した赤軍兵士に乗っ取られ、北朝鮮に向かいます。乗客全員麻縄でうしろ手に縛られました。機長は平壌《ピョンヤン》だといってソウル市内の金浦《キンポ》空港に着陸させます。だまされたと憤った赤軍は乗客と運命を共にしようとしますが、運輸政務次官山村新治郎氏が身代わりになることで、人質は解放されました。この事件をきっかけに日野原さんは、これからは自分がしたい仕事をするのではなく、人の助けになれるような仕事をすると決心したのです。


私が前出『いのちのメッセージ』をつくったのは、日野原先生が九十八歳のとき。初校（最初の校正原稿）を読むときの脇目も振らないその集中力には目を見張りました。さらに驚いたのは、その著作の多さです。一〇五歳で亡くなるまでに六百冊余りの著作が世に出ています。その中には書かれていない昔の出来事をお尋ねすると、先生は記憶を遡ってその詳細を昨日のことのように思い出されるのです。その卓越した記憶力にもさすがと脱帽しました。

日野原先生の人生は、子ども時代からの病気に始まって、思いどおりいかないことや、思いもよらぬアクシデントなどに数多く見舞われます。信仰心に支えられていたとはいえ、アンハッピーな出来事の受け入れ方は見事でした。しかもそのことで、先生は常に新たな道を歩み出されました。

人はどこから来て、どこへ行くのか、を問うた高江洲薫さん

アニマルコミュニケーターで、ヒーラーでもある高江洲《たかえす》薫《かおる》さんもそんなお人でした。獣医になりたい、アフリカの動物たちに会いにいきたいという夢がようやく叶いかけたころ、大変な事態に見舞われます。自宅の庭でスタッフたちとバーベキューをしていると、炎が自宅に燃え移り、あっという間に広がりました。高江洲さんは奥さんと子どもが寝ている二階に駆け上がり助けようとしますが、炎に阻まれ、自分も倒れてしまいます。

気がついたのは病院で、大火傷を負っていました。かけがえのない二人を助けることはできなかったのです。助けられなかったことを悔い、何日も何日も自分を責め続けました。すると幼い娘が夢に出てきて、「パパ、もう自分を責めるのはやめて」と告げます。「人はどこから来て、どこへ行くのか」という問いはずっとあったのですが、以来、一層拍車をかけます。

インドでサティヤ・サイ・ババに会った帰りの飛行機の中で、自分がどこから来たのか、

そのすべてを突如思い出します。

クラゲからシロナガスクジラまでの生きものだったころ。そして人へ生まれ変わって、今生は二七三回目の人生。一億年をかけたその進化のすべての記憶を取り戻したのです。

ふと隣の座席の人を見ると、その人の過去世のすべてが見えます。

そして声が聞こえました。

「お前の使命は、過去を解き明かし、未来を語り、癒すもの」


人生の一片《ワンピース》、一片《ワンピース》の意味は私たちにはよくわかりません。しかし、それらが全部繋がったときに、完全なパノラマ図になります。自分がどこから来てどこへ行くのか。それは過去世を遡って初めて理解でき、同時に未来もまた見えてきます。それからの高江洲さんは、過去世リーディングをすることで、多くの人を救う役目を果たしています。

それまで私は過去世リーディングというものに興味をもっていませんでした。今の人生だけでも問題は山積みだというのに、過去の問題まで背負いたくないと思ったからです。けれど高江洲さんに出会って、過去世リーディングというのは今の人生を繙《ひもと》くことだとわかったのです。

高江洲先生はご自身、大変辛い思いをされたことで、人を救いたいという大きな愛へと転身された方です。その風貌は、まさに癒し人です。

地球に優しい服を創るさとうさぶろうさん

美しい手織りの布の暖かさに惹かれ、私はいつからか「うさとの服」を着るようになりました。その服を創るさとうさぶろうさんは、若きころ、日本のアパレルメーカーで働いていました。しかし、もっと自由な服を創りたいとアメリカに渡り、ワシントンDCでオートクチュールを手がけるようになりました。外交官が多く住む街だったこともあり、その人たちのフォーマルドレスを手がけていましたが、アメリカの文化に馴染むことができず、次にベルギーに移住。そこでオーダードレスを創るという満たされた日々が続きました。

ところが、ある日突然、雷のような巨大なエネルギーが脳天に落ちてきます。そして声が聞こえました。

「今、あなたがなんでもできる存在だったら、何を望みますか。三秒で答えなさい」

最初疑うような気持ちで、「身長を175センチにしてくれる?」と答えてみると、そのとおりになります。次々と質問が続き、望みはすべて叶えられました。問答は果てしなく続き、気がつくと、うさぶろうさんはパートナーと二人で、美しい海辺に座っていました。まわりには誰もいません。

声の主に「他の人は？」と尋ねると、「他の人のことなんか、どうでもいいじゃないですか」といわれます。そんなの嫌だ！　と思い、「だったら今までの体験は全部いりません」といった途端、それまで叶った望みすべてが消えました。うさぶろうさんには、自分たちだけが良ければいいとは到底思えなかったのです。

その後、このままでは地球はもたないと教えられます。そのために自分は何をするのか、と問われているようでした。うさぶろうさんは、その状況を理解するために、答えを知っていそうな人を世界に訪ね歩き、本を読み漁ります。

そんな日々が二、三年続いたあと、「自分には服を創ることしかできない、それなら地球に優しい服を創ろう」と、それにふさわしい布を探して世界をまわります。チェンマイで出会ったのは一枚の光る布でした。村の女性たちの手による手染め、手織りの麻布です。

その布に導いてくれたのは、今も仕事のパートナーでもあるソムヨットさん。彼はタイの大学でコミュニティで生み出される民芸芸術を学び、民芸品の美しさを学ぶために日本に留学したこともあります。

うさぶろうさんはチェンマイに拠点を置き、村の女性たちが織る布で服を創っていきます。使うのは、麻《ヘンプ》と木綿《コットン》と絹《シルク》の三つ。麻には「導く」、木綿には「解放する」、絹には「守る」という意識があります。織り上がった一枚の布をなるべくそのまま使い、裁断する際は、その数字にこだわります。37センチだったら36・9センチにしました。言葉には言霊があるように、数字には数霊があるからです。

あるとき、こんな布を織ってほしいとオーダーすると、ソムヨットさんに「それはあなたのエゴです」といわれます。彼はそれまでチェンマイ大学で教えながら、タイ東北部のコミュニティに入って女性たちに民芸の美しさを説き、貧しい村で女性たちが自立する方法を教えていました。織り上げる布を尊重し、彼女たちを見守っていたのです。

ソムヨットさんの言葉に納得したうさぶろうさんは、彼女たちが意のまま織った布を彼女たちの言い値で買い求め、その布に合わせてデザインを考えるようになります。

次の課題は、できあがった服をどういうかたちで販売するか。まずは人伝えで売り始めますが、なかなかうまくいきません。試行錯誤が続き、やがて、この服を着たいという人が中心になって行なう展示販売会というかたちに落ち着きました。

布の選び方も、服の創り方も、販売方法も、独自のかたちを模索し、既存の方法はいっさい取りません。そのコンセプトは「地球に優しいか、どうか」。うさぶろうさんが辿り着いたのは、それでした。

うさとの服のファンはたくさんいます。意識的にせよ、無意識的にしろ、そのコンセプトの共感者たちです。

コロナ禍の二〇二〇年、各地の展示販売会は中止となり、新たな販売法を模索してオンラインショップが始まりました。すると、既存の手渡し販売より、さらなる直接性があるとうさぶろうさんは感じました。直《じか》に相手を感じられたのです。その一方で、これまで以上に展示販売会にも注力しています。

再出発は、いつも初心に帰るところから始まる、とうさぶろうさんは行動し続けています。


私はうさぶろうさんの拠点、チェンマイの工房に滞在した三日間を忘れられません。そこはまさに理想郷でした。広い敷地の木陰には、仕事場としてのアトリエ、布を収納する大きな倉庫、ダイニングとキッチン、ゲストハウス、大きな仏像を囲んだ祈りの広間が、それぞれ独立して建っています。

泊めていただいたゲストルームのベッドは心地良い麻布で包まれ、強い日差しを避けるための南国特有の格子窓から気持ちのいい風が入ってきます。色とりどりのうさとの服が洗って干されている緑の庭は、一幅の絵画のようでした。

暑かった陽が西に傾くと、夕風と共に空が真っ赤に染まります。美しい食器と椀に盛られたソムヨットさん手作りの食事は、美しい布のランチョンマットに載せて出され、風の抜けるダイニングにみんなが集います。

まさに天国を思わせる光景でした。そこで私はうさぶろうさんが探し求め創り出した楽園を垣間見たのです。

「地球に優しい」

そのキーワードは、私の中にも今しっかり根づいています。

（第2章）病気の原因は心

がん告知

同じ四十代のとき、私はがん告知を受けました。正確にいうと、乳がんかもしれないから検査にいってほしいと、当時お世話になっていた整体の先生にいわれたのです。先生は、手の響きで身体の状態を察知できるという優れた整体師で、私の胸にある不協和音を感じてそういいました。

紹介されたのは「快医学」を提唱していた瓜生良介さん。「快医学」とは病気の原因を食（食事）、息（呼吸）、動（運動）、想（想念）、環（環境）の五つにあると考え、病的傾斜を快方に導くために気持ちの良い治療法を追究するという療法です。

瓜生さんは、

「からだのすべての細胞が、ほしがり求めている〝快い方向〟へもっていきさえすれば、病気によって沈滞している生命の自在な力が働き出してくれるように私たちはつくられている」

と、おっしゃっています。「快の法則」です。

それに関心を抱いていた私は、瓜生治療院に出かけました。ひととおり診たあと、瓜生さんはいいました。

「念のため、他でもう一度検査をしてほしい」

そのころの瓜生さんは、がんだった患者さんの時期判断を誤ったことで助けることができず、自信を失っていた時期でもありました。紹介してくれたのは二つの病院、国立がん研究センターと、埼玉の帯津三敬病院でした。でも私は、再検査はもういいと思いました。

というのは、自分ががんになるとはそれまで考えたことがなく、心のどこかで、がんにはならないと思っていたからです。そのこと自体、なんと傲慢だったのだろうと深く反省しましたが、がんかも……という恐れは不思議と自分の中にありませんでした。がん告知をされたとしても、私はそれを受け入れたいと思ったのです。

どんな治療をしていこうかと考えました。がんになったとしたら、どこかで生き方を誤ったのかもしれない。肉体が勝手に病むとは思えなかったのです。身体は心が作りますから、私は自分の心がどこか歪んでいたに違いないと思いました。がんだとしても、生き方を変えようとは思うものの、がん治療をしようとは思わなかったのです。

とはいえ一瞬、乳房を失いたくない、と思いました。いいえ、乳房だから手術したくないのではなく、たとえそれが足の指だったとしても、そのとき私は自分の身体の一部を切り取りたくない、と思ったのです。

これには後日談があります。当時、画家でエッセイストの宮迫千鶴さんと一緒に精神科医の加藤清先生のところに通って聞き書きをしていたのですが、宮迫さんが「新谷さんの女性性の欠如は甚だしいの。乳房と足の指を同等に思っているのよ」と、笑いながら先生に告げました。たしかにそうかもしれないと私も思っていました。

ところが加藤先生の答えは意外なものでした。

「それは違いますよ。新谷さんは、足の指を乳房と同じものとして捉えるほど女性性が大きいのですよ」

そのとき私は、加藤先生の世界を見る目線の深さに感動しました。いま思い出しても、先生の言葉は強く心に残っています。

加藤先生は京大病院の精神科医でしたが、京大闘争が始まったときにいち早く大学病院を辞め、町医者として、町の霊能者と連携して治療に当っていました。患者さん本人を診ると同時に、その家族を霊能者のところに行かせて家族療法をなさっていたのです。精神の病は、もっとも身近にいる家族の影響が強く現われるという理由からです。

ある精神病棟の患者さんは、自分の頭を壁にぶつける自傷行為が止まず、誰も手をつけられないでいました。そこで加藤先生が呼ばれました。病室に入ると先生は、壁に頭を付けている患者さんに向かって土下座しました。すると、患者さんは初めて他者に気づいたように振り向いたのです。そこから治療が始まりました。

お弟子さんが「なぜ土下座されたのですか」と聞くと、加藤先生は、「この人をこうあらしめている存在にお詫びしたのです」と答えたそうです。

また加藤先生は、「阪神大震災は、土地の痛みをわからない人たちが神聖な六甲の山を削って海に埋め、六甲アイランドを作ったからだ」として、土地の痛みを自分の身体の痛みとして感じている、沖縄の巫女さんたちの聞き書きもなさっていました。それが今日もっとも欠落しているものだからという理由です。本来、私たちはそうした神聖なものに生かされている存在だということを加藤先生はよくご存じでした。

納得のいく治療法を自分で見つける

私は自分が納得のいくがんの治療法を探し、そして見つけました。それは家庭医学の重要性を説いた今沢武人さんの『脾臓の神秘』（家庭医学協会）にありました。そのときの自分にいちばんぴったりきたのです。

「病気をするのは、自分で気がつかなくても、天意に反したことがあるのですから、夜の十時に南に向いて（南に天の座がある）頭を下げてお詫びをなさい」

これだ！　と思った私は、それを続けました。

がんかもしれない、ということは家族にはいいませんでした。いえば、絶対病院で検査するようにといわれるに違いなかったからです。けれど宮迫さんから、「帯津三敬病院で検査をしてほしい。私も一緒に行くから」と強く乞われ、渋々従うことにしました。

帯津三敬病院は、かつて駒込病院でがん患者を診ていた帯津良一医師が設立した病院です。駒込病院時代、手術が完全に成功したと思っていた患者さんが亡くなったり、助からないだろうと思っていた患者さんが元気になったりするのを見て、帯津さんはそこに関与するものを否定できなくなり、気功道場を併設した病院を作ったのです。新設した病院は、がんを治すために百の療法を認め、患者さんの意識を尊重する治療を行なうという、画期的な病院でした。

電話で予約を取ると、看護婦長さんが、仕事をしている私の状況を慮《おもんぱか》り、その日のうちにレントゲン、血液検査などすべての検査を終えて、帯津先生の診察を受けられるよう手配してくださいました。通常なら検査のために何度か病院に行き、その結果すべてが出揃ってから、また別の日に医師の診察を受けることになっているので、婦長の裁量が大変ありがたかったのです。

帯津先生の診立ては、「不確定要素はあるけれど、今はがんだと断言することはできないので、このまましばらく様子を見ましょう」というものでした。てっきりがん告知を受けるつもりでいた私は、ホッとしました。そのあとも体調は変化せず、いつのまにか、がんかもしれないという不安はすっかり消えていました。

けれどあのときがん告知を受け入れたこと、そして生きているのは自分ではなく、自分のいのちであり、それに敬意を払うという心の修正をしたことは、間違いではなかったと思います。何より嬉しかったのは、たとえがん告知をされたとしても、以前のように動揺しなかった自分を発見したことでした。

小さいときから身体が丈夫ではなく、しょっちゅうおなかをこわしていた私は病院通いの日々が多く、その都度、自分は死ぬのではないかと怯えていました。そんな病弱な私がいつのまにか、ずいぶん自分の身体を信頼できるようになっていました。

大事なことは病気の診断を受けたときの受け止め方と、治療法を自分で選択することだと思います。私は西洋医学を拒否しているわけではありません。もし本当にがんになって、手術を勧められたら手術は受けると思います。でも抗がん剤治療は受けないでしょう。もともと体力はないので、がん細胞が死滅する前に自分がやられてしまうと思っているからです。

肺がんを宣告されたある親しい友人は、手術は受けたものの、抗がん剤治療は断って、退院後すぐにご主人と共に屋久島の縄文杉に会いに行きました。以来ずっと元気です。抗がん剤治療を受け続けた知人もいますが、彼は、漢方療法も併せて受けていたから無事最終クールまで抗がん剤治療を受けられたといっていました。抗がん剤治療は体調の変化によって継続できなくなる人が多く、最後まで受けられる人は少ないと聞きます。

医師の勧める療法をそのまま受け入れるのではなく、まず「自分にとっていちばんいい療法は何か」を考えて選ぶことが大事だと思います。そうすることで、病気になった原因でもある「気づき」が得られます。そのために人は病気をするのだと思っています。

病気になるのも魂の計画

霊人中村天風さんの指導を二十年間受けていた清水浦安《うらやす》さんに「病気の原因」についてインタビューをしました。

新谷　私たちは生まれてからこの肉体を脱ぐまでに病気をします。その病気の原因について教えてください。

清水　霊人になられた中村天風先生が僕に通信を送ってこられるので、いろんなことを教えてもらっています。基本的には、私たちは心が病んでいない状態で生まれてきます。身体に症状として不具合が現われたものを「病」といっています。

ところが「病気」。病に「気」がプラスされると、これは心が病んでいる状態です。「気は心」といったり、気分とか、気持ちとか、心を表わしているのが気です。心が病んでいて身体が病んでいる状態を「病気」というのです。このへんを分けておいてください。

では、健康とは何かというと、「健」とは、身体が健やかな状態をいいます。そして「康」は心を表わしていますから、身体だけでなく心も丈夫で健やかで、そこで初めて健康です。

病になる原因というのは、先天性以外に遺伝もあるといいますが、先祖代々の中で一人でも健康なものが生まれていれば、遺伝とはいい切れません。おおむね心が病の原因を作っています。どうしてそれが原因になるかというと、宇宙の法則、自然界の法則に合っていない状態だからです。自然の法則にマッチしない心の状態を作ってしまったときに、身体は不具合を現わしてくると天風先生はいいます。

ネガティブな思考を続けると、潜在意識にそれがどんどん溜まっていきます。やがてそれが身体に現われてくるのが病気のメカニズムですが、その前に、もう一つの見えないボディ（霊体、霊気体、アストラルボディ、オーラともいう）にまず現われます。それは心を通じて神経系統に影響を及ぼします。心が思ったことが自律神経に乱れとして出て、それから身体に現われてくるのです。心が原因を作り、その結果が病という形で現われるのですね。

天風先生は生前そのことがわかっていましたから、

「病が身体に現われても、心まで病ませるなよ」「心はいつも積極的《せきぎょくてき》。積極的というのは尊い心、強い心、正しい心、清い心の四つあり、それを潜在意識にいって聞かせよ」といっていました。

顕在意識でそう思ってその心でずっとやっていると、必ず潜在意識に反映していくのです。続けていると潜在意識がどんどんきれいに洗われていくと。

その説明によく水道のたとえ話をなさっていました。

水道の蛇口から水が一滴一滴ポタンポタンと落ちているとします。その下に、墨汁まみれの筆をコップに入れて一晩置いておけば、朝には水がきれいになっています。黒く濁った水が透明になり、コップの底が見えています。顕在意識はその水滴と同じで、意識することで変化を起こします。

よく潜在意識のほうが強いといわれているのは、顕在意識が一なら、潜在意識には九の力があるからです。潜在意識は圧倒的な力ですから、私たちは潜在意識をコントロールすることで大きな力を得られます。

ではどうやってコントロールするのかといえば、顕在意識の思考の習慣を変えることです。病気の原因を作っているのが心だとしたら、それと真逆の心のもち方をします。それを天風先生は「積極的な心の態度」といっていました。

なぜそうなるかというと、宇宙の法則が働くからだというのです。宇宙は絶対積極なのです。宇宙はつねに進化して新たなもので満たしていきます。宇宙の心は病むことはありません。その宇宙と同じ心になる、またはそういう宇宙に自分の心を同化する。そうすると運命も人生も変わります。

健康状態も、潜在意識が変わってくればそれまでの意識はきれいに洗われて、宇宙と同化する生命エネルギーがどんどん湧き、それにつれてインスピレーションも力強く湧いてきます。もともと宇宙は健全ですから、健康の面でも健全な状態や本来の良い状態に戻してくれます。

新谷　昔から「病は気から」といいますが、心がおおむねその原因となっているのです。「積極的」にはそんな深い意味があったのですね。それでも治らない病気もありますか。

清水　じつはどこへ行っても治らない病気があるのです。

そんなときは魂から見てみましょう。魂というのは、もう一人の本当の自分です。天風先生は師であるカリアッパ先生にそのことを教えてもらったのですね。魂には計画書があることを。

たとえば三十歳で突然病気になったとします。病院に行き、いろいろな治療を試みても良くなりません。それは、そのとき計画していることが病気を縁にして目覚める、そういうことがあるのです。

みなさんがよくご存じの翻訳家の山川紘矢さんは大蔵省（現財務省）の官僚だったのですが、神さまのお手伝いをすると決意してからひどい喘息になり、死にそうになりました。あれはじつは魂の計画なんです。それがきっかけで大蔵省を辞めることになりますね。多くの人に真理を伝えていく、そして彼自身も目覚めていく、そのために病というのは魂の計画の中で必要だったのです。

魂は健全なんですよ、肉体が病んでいるだけで。

病気になると、ともすると心も病んでしまいがちですが、奥さまの亜希子さんが受け取った神霊からのメッセージに従って夫婦二人三脚で協力して薬物治療することなく良くなり、今はすこぶる元気です。そして計画どおり多くの人に気づきを与えていらっしゃいます。

そのように魂の計画書の中に病になるというプロセスもあるのです。病は気づきというのはそういうことで、なんでもすぐ治ればいいという話でもありません。

新谷　治療の中で気づいて治っていく場合もあるのですね。

清水　魂から見ると、魂は健全で、病はないし、死にもしません。では魂は何がほしいかというと、成長がほしいのです。あの世にもって帰れるだけの大きな成長、悟りという気づきがほしいのです。私たちは両親、祖父母、ご先祖の血統を縁にして生まれてきます。肉体がないと魂が宿れないからですね。そのためにどうしてもアバター（自分の分身）という着ぐるみが必要になります。人間というのは霊統と血統の複合体です。

人間は肉体、そしてエネルギー体ですが、本体は魂です。

肉体はその容れ物です。どんなに健康な人も、魂（中村先生はいのちといいます）が抜けたら、すぐに死んでしまいます。病気で死ぬことはありません。ただ魂が抜けただけです。その魂の計画書に刻んできた病は、魂の計画に沿って目覚めないと、治りません。

魂というとわかりにくいのですが、私たちは心があります。では魂に心があるのかないのかという話がよく議論されます。心は痛いと感じるけれど、魂は感じないと思っているかもしれませんが、魂にも心があります。中村先生は生前それを「霊性心」といっています。これが本当の心で、魂は痛いとか苦しいとかいいません。

その状況を魂の心で見ています。魂で決めてきたことであれば、霊性が満足するのです。霊性が上がる、魂が成長するということです。そのために、生まれる前から魂が計画してきている病が人生のプロセスにはあるのです。

新谷　魂の計画書に気づかないまま、死んでしまう場合もあるのですね。

清水　魂の計画に気づかないでやり残してしまう人も多いようです。ただ、今はそういうことがわかってきている時代ですから、自分は何のために生まれてきたのかと真剣に捉えた人は目覚めが早いですね。

新谷　では病気になったときは、まず魂が何かを教えてくれているのだと思ったほうがいいですね。

清水　魂からの示唆だと思い、何に気づけといっているのか、自分の魂、命に真剣に問うたら、もう一人の本当の自分は教えてくれます。そのきっかけは偶然目にした広告かもしれないし、行きずりの人の一言かもしれませんが、気づかせてくれるメッセージに出会うでしょう。

　でも、死んでも終わりじゃありませんよ。死は敗北ではありません。肉体の死はあっても魂の死はないので、敗北もありません。肉体というアバターは誰であれいずれ大地に還元して、戻らなければなりません。ところが自我の心だけで肉体が自分だと思っていると、死を敗北と思ってしまうかもしれませんね。決めつけたら、決めたとおりになります。

　でも魂を中心にした本当の自分から見たら、ハナからそんなものはありません。ですから気づきが重要です。そして、これからは多くの人が本当の自分に目覚めていくでしょう。覚醒の時代に入ったというのはそういうことです。そうすると宇宙に繋がります。宇宙とは何かといえば、永遠の生命です。日本に今、自然災害が多かったり、新型のウイルスが登場したりするのは、その目覚めを急いでいるからです。
新谷　ありがとうございました。大切なのは病や死の真実を知り、病や死を恐れる心をなくすことですね。魂の声に耳を傾け、魂の計画書どおりに生きたいものです。

大事なのは、感情の統合と解放

不思議な体験をした人がいます。松尾みどりさんです。宇宙を意識することで心の癒しを促すヒーリング・アーティストです。彼女はかつて宇宙船に乗せられ、宇宙教育を受けました。

松尾さんは、病気の原因は感情であり、感情の統合と解放ができれば病気になることはない、とおっしゃっています。感情を統合する場所はハート（第四）チャクラのあるみぞおちで、その感情を解放することでエネルギーは円環状（トーラス）に循環するそうです。もう一つは、声帯のあるスロート（第五）チャクラ。自分の思いを声に出すことが大事だそうですが、つまり自己を表現するということでしょう。

私たちは心と身体は別のものだと思いがちです。心は感情で、目には見えませんが、身体に直接影響を与えます。よくがんは遺伝するといわれますが、それは心のもちようが遺伝するということです。

私は顔も性格も父によく似ているせいで、身体に現われるものも似ていました。たとえば父は中年のころによくめまいを起こして、何度か病院の検査を受け、やがてメニエール病と診断されました。私にも二十代のころ同じ症状が出ました。その状況をよく観察していると、疲労やストレスなどで体調が落ちているときに、精神的にひどく落ち込むことが重なると起きることがわかりました。原因がわかったことで、それ以後激しい症状が出ることはなくなりました。身体の症状というのは往々にしてメッセージです。ですから不調があったときには、今の自分には何か気づくことがあるのだと捉えるようになりました。

治療に必要なのは気づき

その後、出会った愛読書に、キャロル・ライトバーガーの『感情地図』（ビジネス社）があります。彼女は九死に一生を得るという体験をして以来、他人のオーラが見え、身体の正常な機能を阻害しているエネルギー部位が特定できるようになりました。以後、感情と身体の関係の研究を始めてメディカル・インテュイティブ（直感医療者）になりました。

彼女は、私たちには三つの基本的な欲求があるといいます。

一、成長し、自己表現する。
二、人と結びつき、愛されていると実感する。
三、安心感を覚え、自分で自分の人生を管理できていると実感する。
私たちの欲求は身体、心、魂それぞれにあり、これらの欲求が満たされないと病気になり、その治療には気づきが不可欠と述べています。

なるほど、と合点がいきました。病気もまた「落ちる」ことであり、それは、自分の生き方を見直すためにあるのではないか。病気になることが悪いことではないのです。たとえ命に関わるような病気になったとしても恐れをもたないように、日頃から病気に対しての理解を深めておいたほうがいい、と思いました。

スティーブ・ジョブズの最後の言葉

アップル社の創設メンバーであり、ＭａｃやｉＰｈｏｎｅを開発したスティーブ・ジョブズの最後の言葉はインターネットで紹介され、よく知られています。

彼は末期がんになったとき、最初自然療法を選んでいましたが、最後は家族の願いどおり西洋医療を受けて亡くなりました。家族に対する思いやりだったのでしょう。

私は、ビジネスの世界で、成功の頂点に君臨した。
他の人の目には、私の人生は、成功の典型的な縮図に見えるだろう。
しかし、仕事をのぞくと、喜びが少ない人生だった。
人生の終わりには、富など、
私が積み上げてきた人生の単なる事実でしかない。
病気でベッドに寝ていると、人生が走馬灯のように思い出される。
私がずっとプライドを持っていたこと、
認証（認められること）や富は、迫る死を目の前にして色あせていき、
何も意味をなさなくなっている。
この暗闇の中で、生命維持装置のグリーンのライトが点滅するのを見つめ、
機械的な音が耳に聞こえてくる。
神の息を感じる。
死がだんだんと近づいている。
今やっと理解したことがある。
人生において十分にやっていけるだけの富を積み上げたあとは、
富とは関係のない他のことを追い求めたほうが良い。

もっと大切な何か他のこと。
それは、人間関係や、芸術や、または若いころからの夢かもしれない。
終わりを知らない富の追求は、人を歪ませてしまう。
私のようにね。
神は、誰もの心の中に、富によってもたらされた幻想ではなく、
愛を感じさせるための「感覚」というものを与えてくださった。
私が勝ち得た富は、（私が死ぬときに）一緒に持っていけるものではない。
私が持っていけるものは、愛情にあふれた思い出だけだ。
これこそが本当の豊かさであり、
あなたとずっと一緒にいてくれるもの、
あなたに力をあたえてくれるもの、あなたの道を照らしてくれるものだ。
愛は、何千マイルも超えて旅をする。
人生には限界はない。
行きたいところに行きなさい。
望むところまで高峰を登りなさい。
全てはあなたの心の中にある、

全てはあなたの手の中にあるのだから。
世の中で、一番犠牲を払うことになる「ベッド」は、何か知っているかい？
シックベッド（病床）だよ。
あなたのために、ドライバーを誰か雇うこともできる。
お金を作ってもらうこともできる。
だけれど、あなたの代わりに病気になってくれる人は
見つけることはできない。
物質的なものはなくなっても、また見つけられる。
しかし、一つだけ、なくなってしまっては、再度見つけられないものがある。
人生だよ。命だよ。
手術室に入るとき、その病人は、まだ読み終えてない
本が一冊あったことに気づくんだ。
「健康な生活を送る本」
あなたの人生がどのようなステージにあったとしても、
誰もが、いつか、人生の幕を閉じる日がやってくる。
あなたの家族のために愛情を大切にしてください。

あなたのパートナーのために、あなたの友人のために。
そして自分を丁寧に扱ってあげてください。
他の人を大切にしてください。

（後継者のティム・クックに贈った言葉）

この言葉は、私の胸に響きました。命を大切にするために何が必要なのか、トップビジネスマンが自らの言葉として語ったからです。ただ、一つ加えたいのは、死はけっして敗北ではないということです。死に至るまでの生き方こそが、その人の生き方だからです。
私はいま、二人の友人のことを思い出しています。

神のいる場所で旅立つ

編集会社を営んでいた小松瑠美さんは、スーツがよく似合う人で、オカッパでストレートな髪を肩まで下げ、颯爽と生きていました。瑠美さんとは年に一、二回食事をしながら近況を報告し合うような間柄でした。瑠美さんは、神の預言を降ろす人、迫登茂子《さことももこ》さん（『みんないい人ね』風雲舎）が長年にわたって神さまから受けたメッセージを『神のささやき』（青鷗社）として一冊の本に編み、世に出しました。

ある日、ランチの約束の場所に現われないので携帯に電話をすると、まだ家にいて、これから出かけるには一時間かかるといいます。私との約束も判然としていないようでした。その様子が気になってどうしても会わなければと思い、「何時だったら来られる?」と聞くと、一時間後というので、場所を変えて待つことにしました。けれども結局、彼女はそこにも現われませんでした。何があったのか気がかりだけが残りました。

理由がわかったのは一週間後。彼女の会社に電話をしてみると瑠美さんは入院していました。電話をしても出ないので、スタッフがマンションを訪ねて管理人さんに鍵を開けてもらって中に入ったところ、部屋の中で倒れていたそうです。

搬送された病院で脳に腫瘍ができていることがわかり、手術をしたものの余命は一年というのです。急転する事態が信じられませんでした。そういえばその半年前に、迫さん、瑠美さんと三人で熱海にある船井幸雄記念館に出かけたとき、瑠美さんの様子がいつもと違っていて、そのときの不自然さを思い出しました。

私が病室を訪れた日、郷里から出てきたお兄さんに会いました。面会室で同席すると、お兄さんはあろうことか、彼女にこういいました。「骨は俺が拾う。会社をすぐにたたみ、マンションはすぐに解約するように」

瑠美さんは独身で仕事をしていたのですが、横で話を聞いていた他人の私でさえ、「そんな乱暴な！」と口を挟むような展開でした。お兄さんはたびたび上京することは難しい様子で、ひどく急いでいました。

一年後、彼女は希望するキリスト教会運営の病院のホスピスに転院し、そこで息を引き取りました。転院するにあたって洗礼を受けてクリスチャンになっていました。そういえばその前から彼女は大いなる存在としての神を受け入れ、ＰＲ誌の編集をする傍ら、そうした本の制作も手がけていました。

ホスピスとのご縁はそのパンフレットづくりの仕事がきっかけで、その後も教会への寄付を続け、知り合いにも呼びかけていました。二人でフランス料理を食べ、美味しいワインを飲んだあと、「この代金は私が払うから、よかったらここに寄付をしてくれない」と、小さなパンフレットを手渡されたこともありました。

病院にお見舞いに行くと、最初のころは、早く良くなって仕事をしましょうと励ましていましたが、次第にそうした言葉を私は口にしなくなりました。彼女がすでに死を受け入れているように思えたし、その領域に私は関与できないと感じたからです。

瑠美さんはその前年、がんになった母親を東京に呼び寄せ、国立がん研究センターで治療を受けさせていましたが、末期になってからは、件《くだん》のお兄さんが自宅のある地方都市の病院に転院させました。そのころから彼女は母と一緒に暮らしているという妄想が出始め、妙なことを口走るようになったようです。

瑠美さんと母親は、妖精と会話するなど、お互いの存在を深め合う同志のような間柄でしたから、母親の死に至る病は彼女を苦しめたに違いありません。大きな失意のなかで、自分も母と一緒にいたい、と心の深いところで願ったのではないでしょうか。

じつは瑠美さんが入院した直後、母親が他界。お兄さんはしばらく様子を見たあとで、それを彼女に告げました。私はただただそばに寄り添うしかありませんでした。

瑠美さんは自分の思いのまま洗礼を受け、支援を続けていた聖なるホスピスで逝きました。見事な旅立ちでした。

私たちは思ったとおりに生きる

人間は思ったとおり生きられるし、思ったように死ぬこともできます。学生時代の友人、柳原和子さんがそうでした。当時、私たちは社会の差別と対峙しながら生きていて、とりわけ彼女は七十年代の安保闘争を果敢に闘う戦士でもありました。

当時、和子さんの母親はがんでした。ある日、彼女がデモに出かけようとすると、寝ていた母親が玄関まで這って出てきて、彼女にすがって引き留めてこういいました。

「そんなにいらない命なら、私にちょうだい」

その手を振り切って、彼女はデモに出かけました。自分の命をかけてもなんとかしなくてはならない……。そんな時代でした。けれど内心苦しんでいた彼女はこういいました。

「今の母の年になったら、自分は母と同じ病気になり、そのことを書く」

その言葉どおり、彼女は母親と同じ年に同じがんになり、がんと果敢に闘い、闘病記を書きました。『がん患者学』（晶文社）です。真摯に生きていたため周囲にもそれを強要し、闘うことも少なくなかったのですが、そうした生き様を晒《さら》す彼女の姿から、私は目を逸らすことはできませんでした。私の部屋に泊まりに来たときには布団に入ってからも眠りにつくことはなく、空が白むまで熱く話し続けました。

和子さんはがんになってからは東京を離れ、友人が所有していた地方都市のマンションで病気と向き合いながら執筆を続けていましたが、そのころ私は自分の仕事が忙しく彼女と会う機会もありませんでした。

東京に戻ってホスピスに入ったと知ったときは驚きました。闘病記を書いたあと、必ずや復活すると信じていたからです。

彼女の絶筆『さよなら、日本』（ロッキング・オン）は、今も私の本棚にあり、「なおえちゃんは、ちゃんと命と向き合って生きている？」と、いつも問いかけてきます。

子どものころの私

いろいろな子どもがいます。丈夫で元気な子、病気がちな子、明るい子、いつも泣いている子。私は小柄で痩せた、病気がちな子どもでした。三月末の早生まれで小さかったために、一年遅れて学校に入りました。それでも並び順はいちばん前でした。とはいえ、いつも明るく元気で、活発だったようです。

病弱の原因は、この世界にうまく溶け込めなかったことが原因だったのではなかったかと思っています。他人と自分の区別がつきにくく、人の痛みを直《じか》に感じていました。

ある日、学校からの帰り道、シーツで覆われた人がタンカに乗せられて通り過ぎました。救急車が通れないような狭い道で、その光景が目に焼きつきました。運ばれていったのは事故で負傷した人だったとわかったときから私はご飯が食べられなくなり、夜も寝つけませんでした。その人の身体の悲鳴が私に届いたのです。

鉱山技師という父の仕事柄、私たち一家は山間の町に住むことが多く、そのときも飛騨の神岡という町に住んでいました。小学生の数年間は、そこからさらに鄙《ひな》びた、一クラスしかない小さな村に移り住むことになりました。目の前に聳《そび》え立つ山のせいで、見上げる空も両端が山に隠れて小さくなっていました。

小学校二年生のとき、クラスに心臓が弱い男の子がいました。ヒョロリと背は高いのですが、いつも唇が真っ青で、ゼイゼイ肩で息をしていました。背が高かったのは二学年遅れていたせいでした。みんなから除《の》け者にされていたので、いつも彼は一人でした。でも他の子より彼は大人びていました。

私は毎朝少し早く家を出て、彼の家に寄って、「水口く〜ん」と呼んで彼が出てくるのを待ち、手を繋いで一緒に学校に行くようになりました。一緒に登校しようと決心したのは、自分が寂しかったせいかもしれません。変わったことをする子はいじめられます。でもちっともめげませんでした。囃《はや》し立てる子のほうがおかしいと思ったからです。

学校から帰ると、隣のシンちゃんという男の子と毎日一緒に野山を駆けまわっていました。日が暮れるころに家に帰ると、今日一日何をしたか、どこで何があったか、台所に立つ母に話しました。

あるとき気づきました。お母さんは私をとても愛しているけれど、隣のシンちゃんを私と同じようには愛してはいないことに。私はそれを疑問に思い、母に訴えました。自分の子しか愛さないのはおかしい。自分の子どもしか愛さないから、世界には不幸な子どもたちが溢れてしまうし、差別もそこから始まるのだと。

思えば、それは差別を考えた原点でした。そういうふうに感じたあの少女を愛おしくて抱きしめたくなります。当然のことながらそんな子どもは茨の道を歩きがちです。幼くして社会に闘いを挑んだのですから。そんな性分もあって、どちらかというと私の人生は易くはなく、生き難いものだったと思います。

原点は子ども時代

私とは何か。

このテーマは誰もが思うことでしょう。私もそれを考え続け、やがて、その原点は子ども時代にあると思うようになりました。二十代の私は、何かを始めるとき、これでいいのかしらといつも考えるようになっていました。その基準は、自分の本当の気持ちを確かめることより、それをすることによって起きるさまざまなこと、つまり結果を考えるようになっていたのです。おまけに失敗しないように、いろいろな防御策まで考えていました。

昔の私、幼かったころの私はそんなことはなく、自分の思いにまっすぐでした。その思いを、古い記憶を遡って振り返ってみることがあります。

しなければならないこともなく、限りなく時間があり、見上げる青い空は果てがないと感じていたあのころの自分。親や環境の影響はあったにしろ、まだ社会の常識や通念といったものには影響されず、素のままの自分がありました。

やがて周囲だけでなく、世界にはいろいろな人がいて、さまざまな生活があることを知るようになると、世界中のみんなが必ずしも幸せではないということに気がつきました。胸に小さな痛みを感じました。そして、差別があることを知ったのです。

親が自分の子しか愛さないということは、自分の子どもは自分の一部だから自分と同じであり、自他を分けることで私たちは、他人を自分のように愛することはなくなります。そうした思いは「世界ぜんたいが幸福にならないうちは個人の幸福はあり得ない」と語る宮沢賢治へと繋がっていきました。

でも、他人と自分、世界と自分を区別して生きられるようになると、どんどん生きるのが楽になり、私は世間並みに健康になっていったのです。

神岡という懐かしい町

私が生まれ、中学生まで育った町、神岡が、遠く離れた今も懐かしい場所なのは、そこにある種の理想的な共同体を見るからかもしれません。それが自分の思い過ごしではないとわかったのは、『三井金属　新生への挑戦』（渡部行　東洋経済新報社）を読んだのがきっかけでした。

この本には、かつての名門企業が幾多の危機を越え、グローバルな先端素材メーカーへと変わっていったことが述べられていますが、その原点でもあった神岡のことにもかなりのページが割かれていました。

そのころの神岡鉱山は三井財閥の屋台骨の役割を果たし、今では信じられませんが、全国でも新卒の就職希望のランク第一位、日本一の高給だったというのです。人口二万人弱の町の人のほとんどが神岡鉱山で働き、その多くは全国から集まってきた人たちでした。

大手企業がかつてはみなそうだったように、社宅や寮が完備され、家賃、光熱費も会社もち、高冷地ゆえ冬にはストーブ用の薪も配布されていました。購買部には新鮮な食料品から家庭電化製品まで何でも揃い、ほとんどの家にはテレビ、洗濯機、掃除機などの電化製品がありました。福利厚生も充実していて、美空ひばり以外のほとんどの歌手がやってきたという劇場や、最新の映画が上映される映画館があり、医師の揃った病院がありました。

また最近見つけた『鉱山のビッグバンド』（小田豊二　白水社）という一冊では、かつて鉱山の最前線で働く労働者たちで構成された「神岡マイン・ニュー・アンサンブル」と名づけられたバンドがあり、中部地区で十三回連続優勝していたことを知りました。

神岡は「天空の楽園」と呼ばれるほど豊かな町だったのです。井の中の蛙だったとはいえ、多くの人々は長閑《のどか》に、ゆったりと暮らしていました。日本企業はこのように社員の生活を守り、一心一体となって邁進してきたからこそ、戦後の繁栄を築けたのでしょう。

私自身、父の転勤でこの町を出て東京で暮らすようになると、進学競争社会の中に飲み込まれて自分を失いかけ、それでも自分を取り戻そうと必死に生きてきました。

その後、鉱山産出の金属は海外の廉価なものに取って代わられ、神岡はやがて廃墟のような町になっていくのですが、そこでまた奇跡が起きます。

一九八三年にカミオカンデが、そして一九九五年にスーパーカミオカンデが完成し、壮大な宇宙実験が始まったのです。鉱山跡にできた地下1000メートルの地は、地球の裏側から降り注ぐニュートリノを観測する基地になりました。

神岡にニュートリノの宇宙研究所ができて、その研究でノーベル賞を受賞したことから町は一躍有名になりました。なぜ神岡が選ばれたのか。神岡には鉱山を掘り進めた巨大な地下鉱脈があり、五万トンの純水を貯めた巨大なタンクを置けるほど岩盤が頑丈だったのです。そこから地球の裏側を観測すると、余計なものをいっさい入れず、降ってくるニュートリノを観測することができました。

それを知って、私はその懐かしい町にもう一度戻りたい、その地に再び立ってみたいと思いました。

年に一度、カミオカンデを見学できる日が設けられていることを知って応募しましたが、これは抽選に外れてしまいました。でも、どうしてもそこに行きたいという思いを抑えることができずにいたところ、見学者をサポートするボランティアを募集していることを知り、それに乗じて希望どおりスーパーカミオカンデの中に入ることができました。

星からのメッセージを受け取る

そのころたまたま、池澤夏樹の『星に降る雪』（角川書店）を手にしていました。偶然にもその中に、カミオカンデで働く青年が登場、カミオカンデも描かれていました。主人公の青年は、山で死んだ友と交信するため、その友と分かち合った星からのメッセージを受け取るために、そこで技術者として働いていました。

「目は複眼。一万以上の目の集まり。宇宙全体を見るために実際は地下千メートルの闇をじっと見ている。最初にこの施設のことを聞いた時、この矛盾に惹《ひ》かれた。地下に潜るのは余計なものを見ないためだ。眼は遠い星からのニュートリノを見る。そのために巨大なタンクに五万トンの水を湛《たた》えて、その水を無数の目が見つめている。そこで一瞬きらめく微細な光を待っている。ニュートリノ以外のものが水の中で光らないようニュートリノしか入れない深い地下に潜る。この微粒子にとっては千メートルの岩盤も直径一万三千キロの地球もないに等しい。すべてをすり抜け、ごくたまに電子や原子核にぶつかって光子に変わる。それを眼は見る。その瞬間以外は徹底した闇の中で眼は目を凝らしてまばたきもせず待っている」

私がなぜ神岡に行きたかったのか。その地に立つことで、何かを感じてみたいと思ったからです。そして実際、その深い坑内に足を踏み入れて感じたのは、たしかに知の集積がそこにはあるということでした。深い鉱脈から地上に必要な宝を掘り出すために、人々は叡智を寄せてきました。その知がそこにあったからこそ、ノーベル賞を受賞するような実験装置がまたそこにできたのだと、私はそのとき思いました。

中学生まで暮らした懐かしい神岡は、私にとって子ども時代を育んでくれた大切な場所であり、かけがえのない原点です。そんな子どもの私が、今の私を支えてくれています。素直で、直感のまま行動していたかつての私が。

（第3章）

人の目は存在しない

ある瞑想家の本をシリーズでつくる

自分が人に、あるいは社会に受け入れられていないことを知ったとき、人は深く傷つきます。私は子どものころ、自分の気持ちにまっすぐだったことで、いじめられたこともありました。そのせいでしょうか、いつのまにか、知らず知らずのうちに、いい子でいたいと思うようになっていました。人の目を気にするようになり、人に良く思われたいと思っていました。

そんな私が人の目なんか気にならなくなるような大きな出来事に遭遇しました。本をつくる編集者としての仕事も順調に進んでいた四十代後半のころです。ある瞑想家の本をつくっていました。その人の次のような言葉が真理を語っていると思ったからです。

「私はいろいろな人の悩みの相談を受けていますが、いちばんの悩みは、自分を受け入れていないことから始まります。自分を受け入れていないその奥には、自分が誰であるか、そして自分の本質が何であるか、という問題があります。それがわかれば、問題はすべて解決するということを自分の体験から実感しています。自分が誰かという本質さえわかれば、すべての問題の答えがわかります。しかも、それは自力でしかわかりません。

単刀直入にいうと、自分は人間ではありません。光であり、神です。その光がエネルギーを落として人間という形をとっているだけです。

海に風が吹けば波が立ちますね。波と海は離れていません。風を受けて海が波という表現をとっただけです。波という言葉が分離感を作りましたが、実際は波というものはありません。あるのは海だけです。私たちも、宇宙がこの波という形をとっただけです。私たちは、人間という形をとった神です」

友人に誘われてその人のお話し会にいくと、彼は真理をじつに平易な言葉で語り、しかも自分の体験をもとに話されていることに心動かされました。そしてそのお話をまとめて出版しようと思ったのです。といってもまったく無名の人の本を出すことは簡単ではありません。そこでどうしたら出版できるか考え、ファンド形式を思いついたのです。今でいうクラウドファンディングです。

つまり、あらかじめ本の制作のために必要なお金を本代として集め、制作費を事前に出版社に支払うことで、フォーマルな出版を取りつけたのです。自費出版と違うところは、出版社の発行する通常の商品として流通させてもらったこと。私同様、彼の話に感動した人たちが寄付をしてくれることもありました。十分な資金もないのに、そのようなかたちで八冊もの本を続けて出版できたことは、多くの人の協力があったとはいえ奇跡でした。その奇跡を生み出してくれたのは、いろいろなアドバイスをしてくださったその出版社の営業部長でした。

そして三冊目を出すときから、私は全国の書店をまわって注文を取り、また地方の大型書店では出版記念講演会の開催も決めました。本を出すようになって以来、彼の講演会には全国から人が集まるようになりました。本の力はやはり偉大です。

もう来ないでほしい

続けて本を制作するために、私はあいかわらず彼の講演会を追いかけていました。ところが、八冊目の本を出したばかりのある日、出かけた地方の講演会場で、彼から突然、「もう自分のところには来ないでほしい」と告げられました。一瞬、何をいわれているのか理解できませんでした。

仕方なく空港へ折り返し、帰りの飛行機に乗ったのですが、不思議なことに、私を引き留める人は誰もいません。一、二カ月前から彼を取り巻く雰囲気が違っていることは薄々感じていましたが、その日はなんとも異様な空気でした。

あとから知ったのですが、彼は私が会のお金を横領した、今後私にはいっさい連絡をしないようにと、みんなにいったそうです。ある人からそれを聞いて、にわかには信じられませんでした。多くの友人たちを誘っていたこともあり、そこに集う人たちとは家族のように親しくしていたのですが、その日を限りに誰からも連絡がありませんでした。

彼がいったことをみんながそのまま信じたとは思いたくありませんが、なんとも不思議な成り行きでした。私はこの社会で、人として、最悪の不名誉を得たようです。

そのときは、どう考えても「もう来ないでくれ」といわれた理由がわからず、その状況も只事ではなかったので、私はとりあえず考えることを止めました。

そのまま何もなかったように日常生活を続けるのは辛かったので、家には戻らず近くのホテルにチェックインしました。とにかくただ眠りたかったのです。なぜと考えても理由は見出せないだろう、考え続ければ、何か自分が間違いを犯したのではないかと、悪いことばかり考えそうだったからです。

何時間眠ったでしょう、目が覚めると、眠る前の自分とは少し違ったところにいました。よくわからないけれど、どうも私が間違ったのではないような気がしました。何が起きたのか考えることを止めて、その出来事を「保留箱」に入れることにしました。いつからか、答えを出すことができないことは、とりあえず保留箱に入れるようにしていました。するといつのまにか、その問題は箱の中で発酵して昇華したり、思いがけない解決法が降ってきたりしたからです。とりあえずそうして、私は自分を責めなかった。いま思っても、それがいちばん正しいことでした。

何日かすると、自分が置かれた状況を冷静に見られるようになり、自分が間違ったのではない、と思えるようになりました。何かが私をそのような状況に追い込んだことは確かです。いずれわかるだろうと思いました。

最悪なことも、じつは恩寵

一年後、その理由がわかる日がやってきました。国税局の方が我が家にやって来たのです。彼が脱税していたことが判明し、私も関係者の一人として事情を聞かれました。私への嫌疑は、彼の脱税というかたちで決着しました。とはいえ、けっして心が晴れたわけではありません。もともとそんなことをする人ではなく、彼を神のように崇めた周囲の人たちのせいだと私は思いました。

さらに悪夢のような状況から自分は救いだされていたということにも気づきました。最悪と思えたあの出来事は、じつは恩寵でもあったのです。つくづく思い知ったのは、人の目なんてまったく当てにならないということ。

それまで人にどんなに良く思われていても、このときの私のように突然最悪と思われることもあり、人にどう思われようが本当は関係ないのだということに気づいたのです。大きな気づきでした。それから私は人の目を気にしなくなりました。というより、人の目というものは存在しない、という境地に誘われたといっていいでしょう。

じつは、その少し前の瞑想会で、私はある体験をしていました。ただならぬ状況がやがて来ることを潜在意識が予知していたのでしょうか、答えを求めるべく真剣に目を瞑った結果、ある体験に導かれていました。

深く入っていったその世界では、一つひとつの個がやがて混じり合い溶けていき、やがて私自身も消えました。それを見つめていたもう一人の私は、「これが一つということなのか！」と、理解していました。いわゆるワンネス体験です。瞑想を終えてからも、そのときに得られた至福感はしばらく続き、すべての問題は私からすっかり消えていきました。

直後に起きた最悪の出来事にあまり動じずにいられたのは、ワンネス体験をした瞑想のおかげでした。至福感を伴うその体験は、日毎薄れてはいきましたが、私はそれをきっかけに、他人にどう思われようとじつのところ関係ないのだ、とはっきり思えるようになりました。

同時に、瞑想というのは、絶体絶命のような状況に追い詰められて、真剣にやらなければ、そうした境地には行けないということも知ったのです。

人間万事塞翁が馬

横領犯とされたこの出来事は、私にとって最大のピンチでした。まさに追い詰められ、崖から突き落とされました。それが一転、ありがたい恩寵になるのですから、人生はまさにミラクルです。その出来事のおかげで、私は自分のプライドというものを捨てることができました。

私たちは、これはいいこと、これは悪いことと決めがちですが、何がいいことで、何が悪いことなのかは、じつは本当に最後までわからないものです。そしてまた、どこが最後なのかもわかりません。

一つの実在の世界を垣間見たからこそいえるのですが、この世界は、いい悪い、光と影、生と死が対になってできている相対界です。ですから昔の人が「人間万事塞翁が馬」とよくいったように、いいことがあれば悪いことがあるし、悪いことはまたいいことになるので、一喜一憂していてはキリがありません。

そして、彼が私に「もうここには来ないでほしい」といった理由も、そのあとわかりました。彼は見えないエネルギーを感知することから、エネルギーグッズ類を製造・販売するようになっていました。そうしたエネルギーのことはよくわからなかったこともあり、私は自分の潜在意識でその行為を心地良く思っていなかったのでしょう。なんとなく会場に行く足取りも重くなっていましたが、その理由にしかと自分で気づいていませんでした。そうした私の気持ちを見通していた彼は、私に来てほしくなかったのだと思い当ります。

もう一つ気づいたことがあります。人は自分を取り囲む集合意識に左右されがちですから、自分を神のように崇め奉る人々に囲まれると、つい人はその気になってしまいます。そしていつのまにか宗教団体のような雰囲気を纏ってしまうのです。そこに追い込んだのはじつは周囲の人たちだったのではないでしょうか。

彼は、人間の欲の中でいちばん最後まで捨てられないのはプライドだとよくいいました。私はまさにその自分のプライドを木っ端微塵に砕かれました。人としては最低の汚名を着せられたことで、プライドを作り上げている実体はないことが骨身に染みてわかったのです。人の評価というのはこんなにいい加減なものだということがわかったのは、自分では選ぼうにも選べない貴重な体験だったと思います。

（第4章）

仕事は次々と変遷する

仕事に価値観をおいていなかったころ

私は女子短大卒です。同じ女子大学の哲学部に編入しようかどうか悩みましたが、当時は学生運動が荒れ狂う時代。学部前はロックアウトされて立ち入ることができません。勉強はどこでもできるから、やはり社会に出ようと決めました。学生課に飛び込み、就職先を探してもらったのです。当時はまだ女性の総合職はなく、就職には短大卒が有利だった時代。卒業間際の三月に入っていましたが、担当者はいい仕事がありますよとある会社を紹介してくれました。

それは大手銀行の経営研究部が独立したばかりのシンクタンクでした。新卒十数名を募集していたものの、本来総勢数十名の小さな会社。それでも待遇は銀行と同じで、残業もないといいます。

今なら、自分のやりたいことを仕事の中に見出そうとするのでしょうが、激動の時代を生きていた私は、社会の中でやりがいを見出せる仕事があるとは思えず、できるだけラクな会社で働き、自分のやりたいことは労働時間以外にやっていこうと考えていました。

当時夢中で読んでいたシモーヌ・ヴェイユの影響下にあったのです。彼女は教師の仕事を捨てて工場労働者となり、そこでの体験を『工場日記』（みすず書房）『根をもつこと』（岩波書店）などに著しています。

本をつくる仕事をしたいとは思いましたが、もし自分のつくりたくない本を命じられたら、それは苦しいに違いないなどと思っていました。当時の私は四角四面の真面目人間で、自分の価値観に合わない仕事なんて到底できないと考えていたのです。

その後紆余曲折を経て、望んでいた本をつくる仕事をするようになるのですが、最初は旅の本でした。旅の本ならまあいいかと、その編集部に入ることになりました。

すべての人は対等

三年ほど働かせてもらったシンクタンクでの社会人生活は、予想を超えて楽しい日々でした。社会に出て初めて入った会社でしたが、学生時代の自己批判を繰り返し思いつめた苦しい生活のあとでは、働いてお金を得るとはこんなに楽しくラクなことかと思えました。

そこで働いた時間は、社会の構造、経済の成り立ちを垣間見るに必要な機会となり、その後の生き方の基礎ともなりました。

またそこでは働く場の基本を教えられました。誰に対しても役職名で呼ばず、社長に対しても名前で呼び合うような会社でした。社長が経営理念を説く人でしたから、働きやすく居心地のいいところだったのです。

出版界では著者のことを「○○先生」と呼ぶ慣習がありますが、私自身は一貫して「○○さん」と名前で呼ぶ習慣を続けました。些細なことですが、じつはそのことで誰とでも対等にお付き合いができたことを感謝しています。人に対して対等でいられることは、自分に対しても、驕《おご》ることなくまた諂《へつら》うこともなく、普通でいられることだと思います。

会社で働いていたころ、私は学生時代の仲間や会社で知り合った友人ら総勢十人で山小屋を作りました。それまで仲間と追究してきた、生きる意味を問い続ける場を持ちたかったからです。信州にその場を求めて探しまわった結果、入笠山《にゅうかさやま》という小さな単独峰に出会い、八合目に建つ入笠小屋のご主人が敷地内にツーバイフォーで小屋を建ててくれることになりました。その小屋作りに全面的に関わりたいと思って、私はシンクタンクを辞めました。

自分は成長しているのか

夏の終わりに小さな小屋ができあがると、私の目的はもはや何もなくなりました。さてこれから何をしていこうかと思ったとき、「自分はこれまで成長してきたのだろうか？」と、自問することになりました。学校で学び、社会で学んだことで、少しは成長したかなと自分に尋ねたのです。答えはノーでした。それらは自分の存在を狭めたものであり、自由を広げるものではなかった。幼いころの私は世界をまるごと受け取っていたのに……。

私はもう一度、幼かったころの自分に戻りたいと思いました。そして、自分を狭め自由を妨げてきたものは、じつは言葉ではないかと思ったのです。言葉を獲得することで世界を広げるのではなく、狭めてきたのではないか、と。

では、果たして新たな言葉を獲得することができるのだろうか。いっそのこと日本語の通じない国に行き、これまでの言葉を捨てることによって、自分本来の感覚を取り戻すことができないだろうか、と大胆にも考えました。もう一度幼子のように、言葉を獲得し直してみたい……そう思ったのです。

ふつう海外に出るときは、その国の言語を習得しようと思いますが、私は自分の言葉を捨てるために旅立たなければと思ったのです。フランスに行こうと思ったのですが、家庭滞在できるのはスイスだったので、スイスにあるフランス語学校に通うことにしました。

その試みは途中で方向転換を迫られ半年で帰国することになるのですが、あの直感は間違っていなかったと今でも思います。このことはあとでまた書きます。

帰国後見つけた仕事が、『レジャーアサヒ』という海外での暮らしを紹介するグラビア誌の編集でした。東京駅前のビルの八階にあった編集部は、編集者崩れというのでしょうか、ちょっと風変わりな経歴の人たちが集まるおもしろい社会でした。編集経験のない私にも即実践の場が与えられ、取材したり、原稿を書いたり、校正をしたりと、楽しく働きました。

そうこうして夢中で働いていると、取材先のマレーシアで「ワールドフォトプレス」という出版社のガイドブック編集長に声をかけられて、そこで働くことになりました。というのは、『レジャーアサヒ』編集部は、社内のもう一つの編集部『国際経済』と共に労働組合を結成し、労働条件の改善をトップと交渉したものの失敗に終わり、全員が退職するという、そのころとしては珍しくなかった事態に遭遇していたからです。

好きな本をつくりなさい

こうして私は「ワールドフォトプレス」の編集部に移籍。今井今朝春《けさはる》社長は腰掛け半分だった私を見事仕事人間に変貌させました。当時、歌舞伎町にあった社のドアを朝開けると、数人が床でゴロ寝していました。締め切りに追われ、いつも誰かが朝方まで仕事をしています。スチールの机やボックスを拭くと、雑巾はタバコのヤニで真っ黄色になったものです。みんなタバコ片手に原稿を書いていました。

当初私は、自分の生活スタイルを崩したくなく、頑なに早朝出勤にこだわり、夕刻定時になると、やりかけの仕事を抱えたまま退社するという律儀なスタイルを貫いていました。

そんな私を咎める人はいませんでしたが、ある日、今井さんは私に「お前の好きな本をつくってみないか」というのです。

いろいろ考えて、ホテルの本をつくりたいと伝えました。そのころ、アーサー・ヘイリーの『ホテル』（新潮社）という小説に、ホテルは生活空間すべてをもつがゆえに、ホテルの支配人とはつまるところ人生の達人だ、と書かれていたのを読み、ホテルはおもしろい空間だと思ったのです。全国各地にはまだクラシックなホテルがその名をとどめる一方、高層ビルの新しいホテルが建設され始めた時代でした。

海外旅行のガイドブックシリーズを手がけていると、海外取材に出かける際に航空チケットやホテルをバーター広告として手配する術を会得し、広告が出せる一流ホテルに滞在するのが常態になりました。なかでもザ・オリエンタル・バンコクに滞在した日のことは忘れられません。

チャオプラヤ川の畔に立つクラシックなホテルのロビーでは、夕陽であたりが赤く染まる時刻になると弦楽四重奏の演奏が始まります。チェックインをすると、フロントのスタッフが「おかえりなさい」といってくれました。タイ人特有の微笑みに、こちらもつい微笑みを返しました。わずか二、三度の利用なのにちゃんと顔を覚えていてくれるというホスピタリティに感激したのです。

あるときチェックインすると、スタッフたちが歓声を上げています。どうしたのと聞くと、世界の一流ホテルのランキングで、このホテルが世界第二位になったというのです。一位の名前は忘れましたが、たしかアメリカの最新設備を備えたホテルだったと思います。このザ・オリエンタル・バンコクやザ・ペニンシュラ香港の、よそでは味わえない心のこもったサービスにいつも感動していましたから、なるほどと納得したのですが、ホテルのスタッフたちはその快挙を喜ぶというより、「なぜ、ここが世界二位なの？」と首を傾げていました。

難題に孤軍奮闘

そんなホテルをテーマにしたムック（保存版の雑誌）『世界の一流ホテル』をつくってみたいと思いました。すると今井さんは、それならホテルから通いなさいと、新宿歌舞伎町にできたばかりのホテルの一部屋を一カ月とってくれました。会社から歩いて十分。これまでのように早朝出社、定刻退社もできず、気づいたらみんなと一緒に夜中まで編集作業です。今井さんのこうした企みに、私はいつしか時間を問わず仕事をするようになっていました。

こうしてできた『世界の一流ホテル』はなかなかの好評を得て、二冊目をぜひ一緒につくらせてほしいとやってきたコピーライター氏と共に第二弾を制作することになりました。彼はホテルの魅力に魅せられ、その後、ホテルをテーマにしたコピーで広告賞を受賞し、本業を続けながらホテル評論家になりました。続けて『世界の一流レストラン』を制作したのも楽しい思い出です。

ガイドブックの取材でヨーロッパ出張中に、今井社長から突然電話がかかってきて、「『世界のポリスカー』というムックをつくるから、ヨーロッパのポリスカーの写真をできるかぎり撮ってこい」という無茶なオーダーが入ったこともありました。ドイツやパリの警察署を訪ねてポリスカーの写真を撮らせてもらい、最新のポリスカーに乗せてもらったことも懐かしい思い出です。なんと長閑な時代だったのでしょう。

ワールドフォトプレスは大出版社ではありません。そのころはまだ自社ビルも建っておらず、自分で企画を立て原価計算し、取材スケジュールも自分で組み立て、カメラ持参で世界中の国々を旅していました。

十分な会話能力もなく、取材先ではさまざまなハプニングに出遭います。トラブルに対応するマニュアルもありません。現場では即座の対応が要求されます。その一つひとつにどうすべきか考えて対処し孤軍奮闘です。さまざまな難題に立ち向かわざるをえませんから、度胸だけは培われたのかもしれません。そのおかげで、その後独立して仕事することもできたのだと思います。

海外取材でのピンチ

そういえば、ビルマ（現ミャンマー）で秘密警察に捕まり、ひと晩、裸電球が灯る暗い署内の一室で取り調べを受けたこともあります。アジアのガイドブックづくりに力を入れていて、タイのガイドブックにビルマの情報を入れたいと思って出かけたときのことです。ビルマの観光滞在は一週間しか許されていない時期で、タイ取材のあとにビルマに行く予定を立てました。

ところが灼熱のバンコクで取材中に胃痙攣を起こして入院。一週間のビルマ滞在の予定がわずか三日になってしまいました。当時、ビルマへはバンコクから入るしかありません。外国人が泊まれるホテルは市内二カ所だけ。ラングーン空港に入ると荷物をすべて開けて調べられ、まだ珍しかったボールペンをねだられるなど、「鎖国」を解いたばかりのビルマはまだ開かれていない状態でした。

滞在は三日しかなかったので再度出かけることにして誰か現地で話を聞ける人がいないかと探し、かつてビルマにいたというお坊さんから紹介してもらったのがK氏でした。

市内から少し離れたインヤ　レイク　ホテルにチェックイン後、早速タクシーでK氏の家に向かいました。よくある二階建ての家屋。中に招じられると、小さなテーブルに色とりどりの小粒の宝石が目の前に並べられました。K氏は外国人に宝石を販売していたのです。ビルマはルビーなどの産地でしたが、外国人は市内に一軒だけのドルショップ以外での購入は許されていませんでした。「お話を聞きに来たのであって宝石はいらない」と断ると、では紹介者のお坊さんにお土産だと、小さな宝石を一つ手渡されました。

そのときです。ドアをドンドン叩く音。K氏はその宝石を早く隠すようにいい、自分もテーブルの上に並べられていた宝石を急いで片付けました。入ってきたのは、下半身にロンジーという腰巻きを着け、頭に布を巻いた人相の悪い男性たち。「秘密警察だ。これから家の中を捜索する」とたどたどしい英語でいいました。K氏のひどく怯えている様子を見て、只事ではないと察した私は、手渡された宝石を慌ててハンカチに包んでポケットに入れました。

家には私を乗せてきたタクシードライバーも一緒にいて、彼も身体を取り調べられました。タクシー代金をドルで支払ってくれないかというので、五ドル札を渡していたのですが、それを見つけた秘密警察は彼を逮捕するといいました。ドル紙幣をもつこと自体禁止されていたのです。

ビルマの宝石は少数民族の活動資金源でした。外国人と交流があるK氏は前から目をつけられていたようで、カメラ持参で一人出歩いていた私も尾行されていたようです。

K氏も、彼の家も、虱潰《しらみつぶ》しに調べられ、私の身体検査は女性警官を呼ぶからもう少し待つようにといわれました。私は、ポケットに入れた宝石が見つかったら危ないと思い、目の前にあった子どものおもちゃ箱に投げ入れました。それが日本製のハンカチに包まれているのを見てハンカチだけ取り出すと、小さな宝石はコロンとおもちゃの中に紛れ込みました。捜索は一時間以上かけて行なわれ、やがて駆けつけた女性警官に私の身体も調べられましたが、何も見つかりません。窓から捨てたのではないかと、彼らは家の外まで調べまわりました。

秘密警察に連行される

K氏は、タクシードライバーと一緒に連行されました。私は彼らとは別に取り調べを受けるため、秘密警察の薄暗い一室に連行され、深夜まで身上調査の書類を書かされ、しつこく尋問されました。聞かれる内容は私の信仰や家族関係ばかり。会社に電話をかけさせてほしいと何度も頼んだものの受け入れてもらえず、身分証代わりのプレスカードは何の役にも立ちません。

数時間経ったでしょうか。ハエがたかった小さな蒸し菓子と真っ黒なお茶が出ました。

とうてい口にできません。おなかも空いていました。深夜になっています。ホテルに帰してくれるよう強く抗議をすると、明朝来署することを条件にようやく車で送ってくれました。

ホテルの部屋に置かれていたスーツケースは開けられて、存分に中身を調べられたようです。日本への電話も繋いでもらえません。これは確かに危険な事態であると察し、何か手立てがないかと考えていたとき、その日、空港で出会った日本人の名刺を思い出しました。

その人は、上司の家族を迎えに空港に来ていて、待ち人と間違えて私に声をかけたのです。こちらも現地の情報をいろいろ聞きたいと思っていたので名刺交換をしていたのですが、頼りになりそうなのはその人くらいしか思いつきません。夜が明けるのを待って電話をしました。自分の置かれた状況を話すと、大変危険な状態だから、自分たちが滞在しているタマダホテルにすぐ移るようにいわれました。

こんな状況はビルマではよくあったらしく、私と同じような理由で投獄されたある日本人男性は、あまりに不衛生な独房で発狂したといいます。アムネスティ・インターナショナル（国際人権ＮＧＯ）にもその被害は報告されていました。タマダホテルに移った翌朝、事情を聞いた彼の上司が警察署に行く私に同行してくれることになりました。すると警察の態度は豹変し、まるで私の嫌疑はすっかり消えてしまったかのようでした。経済協力をしている日本企業の強さを思い知らされました。

翌日からマンダレーやパガンをまわる予定でしたが、市内から出てはいけないといわれました。しかし航空券はすでに所持していましたし、仕事上どうしても出かけなければならないと主張すると、三泊四日の取材後再び警察署に顔を出すことを条件に、ようやく許されました。

ビルマ中部にあるパガンには、ジャングルの中にアンコールワットのような仏教遺跡が点在しています。また寺院の多い古都マンダレーでは、森の中で上演されるマリオネット「ラーマヤナ」を見るために象の背に乗って出かけたのですが、警察に見張られながらという非常事態の旅となり、見るものすべてがこの世のものとは思えない幻想風景として目に残りました。短い取材を終えて再び警察署に赴くと、数日前とはまったく違う対応で、なんと、私に謝罪したのです。

「あなたの時間を無駄にさせて申し訳なかった。ついては何かお詫びにお土産を買ってあげたいのですが、何がいいですか」というので、私はマンダレーで見たマリオネットが欲しいといいました。すると、むくつけき二人の秘密警察官が街中を探しまわって小さなマリオネットを一対買ってきてくれました。

その足で空港に行きバンコクに着陸。それまで張り詰めていた気持ちが緩んでヘナヘナと腰が抜けました。腰が抜けるというのは本当にあるのですね。ホテルにはスタッフから安否を問う葉書が届いていました。そこに描かれた私の似顔絵を見たとき、安堵で涙が止まりませんでした。直面しているときは必死で気づかなかったのですが、その危険な一週間を思い出したとき、本当に身体が震えたものです。

それから一カ月後にラングーン事件が起きました。民主化を推進する韓国の政治家たちが爆弾テロで殺されました。その事件をきっかけに、ビルマは一気に社会主義化し、再び鎖国状態に戻りました。

アジアの国々はミラクルワールド

最初に出かけたパリやスイスのローザンヌは前世で縁のあった場所らしく、違和感がなく懐かしさを覚え、いつまでもその石畳の街を歩いていたいという気持ちになったものです。

一方、アジアはミラクルワールドでありながら、かつての日本にあった失われた風景を思い出すといった感じで、強く心惹かれました。当時、ヨーロッパやアメリカのガイドブックは数多くありましたが、アジアはアジア全体を一冊にまとめたものしかなかったので、私は一国ずつのガイドブックを制作していったのです。

観光客がその国を旅するとなると、経済政策や政治、文化、習慣、社会通念なども必要になると思い、そうしたことにもページを割きました。シンガポールのガイドブックでは政府の行なっている住宅政策やゴミ問題を紹介したのですが、それをおもしろいと思った毎日新聞編集委員の方から「人欄」の取材を受けました。編集者は黒子であって表に出るものではないとそのころ思っていた私は一旦お断りしました。『レジャーアサヒ』雑誌社時代、あるホテルで開催されたフランスのファッションショーを取材に行ったのですが、その出口で取材されNHKの朝のニュースに出てしまい、「取材者が取材されるなんて、なんてこった！」と社長に叱られたことがあったからです。その編集委員の方から「あなたは自分のつくった本を売りたくないのですか。これは本の何よりの宣伝になりますよ」といわれ、結局引き受けました。

なんであれ小さな出版社であれば、企画から販売まで本づくりのすべてに関わらざるをえません。当時、大手の出版社で働いていた友人たちは、昼ごろ出社し、夕方にはすでに社にはいません。経費もふんだんに使え、年収も私の二倍近くありましたが、それを羨ましいと思う余裕も私にはありませんでした。お給料を使う暇もなかったのです。

やっぱり本をつくりたい

そんな私は三十六歳のときに独立することになりました。きっかけは、『満州走馬灯』（小宮清　ワールドフォトプレス）という単行本をつくったことでした。子ども時代に満州開拓団として大陸で生活をした小宮さんが、満州での日々の生活をイラストで描き、それを「絵本にして子どもたちに伝えたい」ともち込まれた企画でした。社長から私はその原稿を渡されました。

かつて大東亜共栄圏という幻を夢見て、大日本帝国の国策の一環として行なわれた満州開拓。第二次世界大戦が勃発してから、開拓団民たちは国に見捨てられました。いち早く情報を得る立場にいた一部の人や役人たちは早々に引き揚げたものの、多くの人たちはロシア兵や中国の人たちに追われ、想像を超える辛酸を嘗《な》めることになりました。

小宮さん一家は、現地に残るという父親を機転のきく母親が説得して、危機一髪で脱出することができました。小宮さんは帰国後、苦労して芸大に入り、工業デザイナーとして活躍されていました。優れた視覚記憶をもって描かれた、詳細で味のあるイラストは、それはすばらしかったのです。

私はそれを子どもたちだけではなく大人たちにも読んでもらいたいと思いました。絵とエッセイからなる原稿の欄外に、満州に関係する世界史、中国史、日本史の資料を入れて、満州という共同幻想が浮き彫りになるように、その本をつくりました。満州とは何だったのか、それを考えるきっかけにしてほしいと思ったのです。

できあがった本の反響は私の想像をはるかに超えるもので、編集制作した私自身驚きました。かつて満州開拓団にいた人、あるいは満鉄で仕事をしていた人たちは思いのほか多く、さまざまな人から「よくこの本を出してくれた」という喜びの手紙が届きました。そのとき私は改めて本の影響力に気づき、やっぱり本づくりをしたいと思うようになっていました。

南国の楽園へ

小宮さんから私は大いに刺激を受けました。彼は芸大卒業後、ホンダ（本田技研工業株式会社）に工業デザイナーとして入社しますが、やがて宣伝部に配属され、ソフィア・ローレンを起用した自転車型オートバイ、ロードパルのコマーシャル「ラッタッタ」を制作します。ところが独自の広報活動を行なっていたホンダも、時代の趨勢《すうせい》によって電通を起用することになり、退社。

「世界で流行している思想をモノにすると売れる」と友人にいわれ、そのころ健康ブームに乗じて「走る」ことが流行《はや》り始めていたことに目を付け小宮さんが製作したのが「ルームランナー」です。

小宮さんはそれを通販（ダイレクトマーケット）で売ろうと思い、アメリカのダイレクトマーケティング会社すべてを取材して分厚い解説書をつくりました。じつはワールドフォトプレスの今井社長もそれで小宮さんを知ったのでした。小宮さんの思惑どおり「ルームランナー」は通販で売られ、大ヒットします。そして『通販生活』というカタログ雑誌も誕生したのです。

小宮さんとはその後一緒に、ハワイ四島を網羅したガイドブックや、『北欧の旅』なども制作することとなり、そのユニークな視点に多くを教えられました。

ワールドフォトプレス退社後、ミクロネシア連邦の島々を巡った『南の島グラフィティ』を一緒につくったことも楽しい思い出です。

退社するに当って、広告部長が「ご苦労さん」とコンチネンタル・エア・ミクロネシアのチケットを二枚プレゼントしてくれました。チケットをよく見ると、グアム、ロタ、サイパン、テニアン、パラオ、トラック、ポナペ、ヤップ、マジュロと九つの島をカバーして飛んでいるのです。使わない手はありません。フリーとなった私は小宮さんを誘って、一カ月かけてミクロネシアの島々を巡り、イラスト中心の旅の本をつくったのです。

南の島の楽園の楽しみに加え、ミクロネシア領海が地理的に抱える世界問題や、星をターゲットにした古代の航海術、島に残る巨石文明、島に暮らす人々の顔などを入れました。それが好評を得たため、続けて韓国、台湾、香港のグラフィティシリーズもつくりました。

私はそれまで、旅といえばどちらかというと「北帰行」の歌のように、北へ、北国へと向かいがちでしたが、一挙に南国志向になりました。社会福祉の整った北欧を歩いたことも一因でした。行き届いた福祉のもとで暮らす人々の孤独を強く感じました。どんなに社会福祉を充実させたとしても、家族やコミュニティのふれ合いから離された人々に幸福はない、ということを痛感したのです。

一方、南の島では食べるものは豊富にありますから働かなくても人々は食べていけます。しかもそこに存在していた大家族の母系制社会が、じつは人々を幸福にするシステムであることを確信しました。

編集会社リエゾンを設立

そんなとき友人から、海外のメディアレップ（代理店）をやらないかという誘いが舞い込んできました。海外取材に出かけても一週間や十日間で集められる情報は限られていますから、現地に長く滞在している新聞社や商社、観光局などを訪ねて情報を得ていました。

そうして知り合った海外滞在者たちをネットワークして、何か仕事ができないかと漠然と考えていたのです。

友人の話では、定期的に海外情報を集め、写真を撮影して入稿することで、定期的な収入が得られるといいます。なるほど、それなら念願していたようなネットワークが作れると思い、その仕事を引き受けるために会社を設立することにしたのです。

会社名は「リエゾン liaison」にしました。「繋ぐ」という意味のフランス語です。自分に何ができるかを考えたとき、人と人、必要な情報や仕事などを繋いでいくことかな……と思ったのです。ちょうど写真週刊誌が出始めたときで、ある一誌の仕事をすることになったのですが、記事のほとんどはスキャンダルでしたから、リエゾンが提供する情報が掲載されることは少なく、早晩この仕事はなくなるだろうと、徐々に企業のＰＲ誌制作に重点を移しました。

時代はまさにバブルの最盛期、ユニークなＰＲ誌がどんどんつくられていった時代です。こちらの企画はおもしろいように通り、制作予算も潤沢。リエゾンで手掛けたものはＪＲ東海、ＫＤＤ、日立エレベーター、シュウ ウエムラなど十誌以上ありました。優秀なデザイナーやカメラマン、イラストレーターたちにも恵まれて、昼夜の別なく仕事をする日々でした。

当初は千代田区五番町のマンションを事務所にし、新宿の自室マンションと行き来していました。仕事中心の生活だったので、仕事場と住居を一緒にした九段北の一軒家、続いて六本木のメゾネットに引っ越しました。そうすることで、お鍋をかけながら仕事ができ、またスタッフたちと賄いを共にすることができました。

忙しい日々が続くなか、ふと独立したときの動機が「この世に必要な本をつくりたい」ということだったと思い出しました。そして一緒に仕事をしていた仲間と、この時代に必要な雑誌をつくっていこうと話をするようになり、私の気持ちはそちらに一挙にシフトしていきました。いろいろな雑誌を見ていくなかで、すばらしいと思ったのは『暮しの手帖』でした。そこには豊かな生活を創り出していくための提案がありました。

雑誌づくりのプロデューサーが現われ、デザイナーと私の三人で企画を詰めていくことになりました。ところが会議を重ねてもなぜか先に進みません。

ある日、神の声を聞くという人に会う機会があり、この仕事の進捗について尋ねてみました。するとあろうことか、その仕事は半年以内に空中分解するというのです。理由は三人の動機が、名誉、お金、夢と、それぞれ違うからだと教えられました。一週間後、プロジェクトは空中分解していました。その意識を私が認識することで現実に引き出してしまったのです。半年後といわれたことが一週間後に起きたのです。

仕事をしていると、そんなことがときどきあります。立て直しながら進めていくのが仕事の常ですが、そのときの私にはできませんでした。仕事はもう辞めよう、と決意したのです。

新たな世界へ

落ち込んでいると、「ルンル」というユニークな速読法を教えている植原紘治先生から電話がかかってきました。講演会のお誘いでした。植原先生は人のエネルギーの状態がわかる方で、そのときの私のエネルギーはゼロ状態だったらしく、「あいつは死んでしまう」と先生は思われたようです。仕事の意識しか私にはなかったのでしょう。

誘われたのは天外伺朗《てんげしろう》さんの講演会でした。ソニーの常務としてＣＤ（コンパクトディスク）を開発したり、犬型ロボット「ＡＩＢＯ」を作ったりしたコンピュータ・ビジネスの総責任者でした。天外伺朗というのは、『ここまで来た「あの世」の科学』（祥伝社）を著すためのペンネームでした。

その日の講演会では、天外さんはパラマハンサ・ヨガナンダのように自分の死期を知って、瞑想しながら肉体を離れたいというご自身の願望を語り、「マハーサマディ研究会」を作る構想を発表されたのでした。そしてその事務局をやってくれるという人物を紹介されました。

　クシャクシャの帽子をかぶった人が、やおら席から立ち上がったとき、「私はこの人に会いにきたのだ」と直感しました。講演後、私はその帽子の人のところに行って名刺を渡し、翌日訪ねてもいいですかと尋ねました。その人は、ある出版社を辞めて風雲舎という出版社を立ち上げようとしていた山平松生さんでした。

　翌日、神楽坂の小さな坂の途中にある会社を訪ねると、山平さんは、これから出版社を始めるのだから、事務局をやるなんてそんな余裕はないのだといいます。私は僭越《せんえつ》ながら、「死の問題は出版においても大切なテーマです。手伝わせていただきますからやりましょう」と申し出ました。そうした成り行きで私は天外伺朗さんの立ち上げたマハーサマディの事務局をする山平さんを手伝い、その会報誌をつくることになりました。

　その仕事を通して、天外伺朗さんの構想の重要性を知ることになります。天外伺朗さんとは、私がそのころ傾倒していたTM瞑想のシダー（上級コース）合宿でご一緒だったことも判明しました。彼は瞑想を通じて、私たちの抱く恐怖というのは究極的には死に起因していること、その死から解放されることで自由に生きられることを考えていました。

『人間の永遠の探究』（森北出版）を著したパラマハンサ・ヨガナンダは、自分の死期を知ると、パーティを催して友人たちと今生の別れをしたあと瞑想に入り、そのまま亡くなります。

死ぬときには脳内麻薬が分泌され、「マハーサマディ（大いなる三昧）」を得て、至福のうちに肉体を離れるそうです。こうした死を、薬漬けになった医療や社会から取り戻し、本来のすばらしい死を迎えるように準備することは、私たちの毎日が光り輝くこと、すばらしい生を生きるということだ――と天外さんは考えていました。

ソニーの大プロジェクトを仕切ってきた人だけに、そのプログラムの内容と人の起用は見事なもので、まずマハーサマディのコンセプトに共感する人を集め、それぞれがもっている技術を人々に提供できる人として、プリンシパル・コントリビュータ（貢献者としての講師）に任命しました。

スピリチュアルな視点をもった医師や気功家、音楽家など十数名が集って会を盛り上げてくれることとなりました。顧問は船井総合研究所の船井幸雄さん。天外さんと一緒にお願いに行き、快くお引き受けいただいた日のことを思い出します。

当初のプリンシパル・コントリビュータの方々は、「新体道」の青木宏之さん、福島大学助教授の飯田史彦さん、帯津良一さん、「ソニー・エスパー研究室」の佐古曜一郎さん、「地球村」の高木善之さん、老人医療研究者の高橋泰さん、日本ホリスティック医学協会の寺山心一翁《しんいちろう》さん、ヨーガの成瀬雅春さん、「南無の会」の松原泰道さん、ターミナルケア医の森津純子さん、人体科学会の湯浅泰雄さん、音楽評論家の湯川れいこさん、そして船井幸雄さんなど、いずれも時代の先端をいくスピリチュアルな方たちでした。

私はその方たち一人ひとりにインタビューをしていきながら会報誌の制作をすることになりました。青木先生に滝行に連れて行ってもらったり、成瀬先生の瞑想会に同行したり、思えば、それが私が精神世界の仕事を始めるきっかけでした。

なかでも印象深かったのは、自宅出産を提唱する産婦人科医・大野明子さん。そして若くしてホスピス医になった森津純子さんのお話でした。森津さんはホスピスで多くの人を看取るのですが、心電図がすでにフラットになっていても、会いたいと思う人が駆けつけるまで心臓は止まらないといいました。そして「死ぬことと、生まれることは一緒だ」ということを知ったのです。

マハーサマディの仕事はボランティアだったので、天外さんはそれではあなたの会社は大変だろうからと、ソニーの仕事をさせてくれました。ちょうどソニーのインターネット事業が立ち上がった時期でもあり、インターネット上で「天外城《てんげしろ》」を制作することになりました。インターネット技術面はデジタルデザインを含めてソニーの優秀なスタッフが担当し、リエゾンは中身の企画と原稿制作を担当。

天外城の中には、さまざまな著名人のゲストが訪れる「応接間」や、天外さん自身がメッセージを発する「王様の部屋」、また対談をする「談話室」や医療問題を話す「医務室」、また団欒の「食堂」などがあって、まさにマハーサマディのデジタル版で、これも楽しい仕事でした。

ゴーストライターのスタート

リエゾンの仕事は順調に進んでいましたが、リエゾン設立の動機が本をつくることでしたから、その原点に戻りたいと次第に思うようになっていました。心でそれを思い描いていると、状況はたしかに変わってきます。

雑誌企画が空中分解したのも、本をつくるという原点に戻りたいと思っていた私の意識が生み出した現象だったことが今となってはよくわかります。そうでなければ、あの空中分解した出来事に感謝する気持ちになることもありませんでした。

時間が経ってわかることはいろいろあります。不幸に思えた出来事も、あとから思えば、あのことがあったおかげと気づきます。

私は風雲舎を立ち上げたばかりの山平さんのお手伝いもすることになりました。風雲舎で最初に出すのは船井幸雄さんの本と決まったものの、予定していたライターさんの都合がつかなくなり、代わりに私が書くことになりました。船井さんの講演を追いかけてまとめる作業は、私にとって初めてのゴーストライターの仕事でした。

船井幸雄さんといえば、一経営コンサルティング会社を上場一部の会社に育て上げ、感度の高い経営者たちを対象に、目に見えない世界の法則を講演会やセミナーで発信した方です。そして年に一回、大きな会場で時代の先端をいくスピーカーたちが一堂に会するイベント「フナイオープンワールド」を開催していました。船井さんの影響を受けた経営者は少なくなく、絶大の人気を博していました。

また山平さんは、前に勤めていた出版社のころからソニーの井深大《いぶかまさる》さんを敬愛し、井深さん、そして「ソニー・エスパー研究室」の佐古曜一郎さんの本をつくっていました。井深さんは卓越した技術の先に、この世界を成立させているものは何かを探し、「気」と向き合っていました。そこには最先端技術全般に対する信頼の揺らぎもあり、先端を走る企業として何を成すべきか、考えていたのでしょう。

目には見えないものを求めていっせいに追究が始まった時代でもありました。そうしたなかでの「ソニー・エスパー研究室」の立ち上げです。提案者は佐古曜一郎さん。その設立趣意書にはこう書かれています。

「二十一世紀を目前に控えた現在、近代科学の先導の下に繁栄してきた物質文明は滞りをみせ、明らかに時代の転換点にさしかかっている。この混迷にして不透明な時代にこそ、新時代をリードしうるニュー・パラダイムが必要であり、ソニーは、生命現象、精神現象、そして超自然的な現象の解明にこそ、その鍵が存在すると信じ、「ＥＳＰＥＲ（Extra Sensory Perception and Excitation Research）研究室」を設立し、内外の叡智を結集する」

井深さん亡きあと、エスパー研究室はほどなくして閉じられましたが、佐古さんはハードウエアでもなく、ソフトウエアでもない、人間感覚で作動させるフィールウエアの開発に携わるなどして、その後も模索を続けていきました。

その佐古さんはある日を境に忽然と姿を消し、もう会えなくなりました。ひたむきなその眼差しは多くの人々を魅了し、未来に希望を抱かせる人でした。

私自身、この世を動かしている摂理のようなものを知りたいと思い、それまでは哲学書を読んだりしていたのですが、その世界は『存在とは何か』でハイデッガーが語っているように観念、概念の思考世界であり、私の胸に深く落ちるようなものではありませんでした。

それに比べ、精神世界といわれる書物を読むと、深い呼吸ができるというか、ハートに落ちるような感覚を全身で感じたのです。それこそが「自分の存在とは何か」ということであり、私はそれを探索する世界に夢中になっていきました。

先述の神さまの声が聞こえる人に、私は風雲舎で五冊の本をつくることになり、それで精神世界の仕事の基礎作りをするだろう、といわれました。そのころ、六本木にあった事務所をたたんで真鶴のマンションに移ることにしました。

六本木から真鶴へ

一人になって本づくりをするために、私は真鶴のマンションを仕事場にしたのです。ローンの支払いは、六本木の事務所の家賃と変わらなかったので経費節減にもなり、何より静かな環境で落ち着いて仕事ができました。

しかも窓から見える海は世界に繋がっていますから、この小さな漁村の真鶴でも私は世界の人たちと確かに繋がっていると思えました。

ところが、ある出来事が起きました。風雲舎の本を制作中、あと二、三冊つくることも決まったころ、打ち合わせ中に起きたハプニングでその仕事ばかりか、そのあとつくることになっていた仕事まで白紙に戻ってしまったのです。

真鶴で始まるはずの仕事が突如なくなってしまい、どうしたものかとしばらくは暗澹《あんたん》としていました。しかし、起きてしまったことはどうしようもありません。

振り返ってみれば、編集の仕事を始めてから私はただひたすら走っていました。ここで少し休憩して、これからのことを考えてみるのもいいのではないか、と気持ちを切り替えることにしました。このあきらめの良さと、立ち直りの早さは、自分でもびっくりするほどです。

いろいろな講演会に参加するなかで、ある瞑想家に出会いました。気を取り直した私は、その人の本を続けて八冊つくったことはすでに書きました。八冊目をつくった直後、その仕事は突如終わりました。

始めるのは私の意思ですが、終わるのはいつもアクシデント。望んでいたことと真逆のことが起き、結果的に大きく方向転換せざるをえません。

「もうこのくらいでいいわね、次に進みましょう」と、まるで誰かにいわれているようです。

それはあなたの仕事ではない

前出の清水浦安さんから、私はものの見方や捉え方をいろいろ教えていただき、学んできました。

ある日、ランチを共にしていたとき、私は最近あった出来事を話し始めました。

あるチベット僧から自分の原稿を本にしたいので手伝ってくれないかといわれ、私はいろいろな出版社をあたって、ようやく版元を見つけました。翻訳を知人に依頼したものの、仏教知識がないと難しいことがわかり、やむなく仏教書を訳している方に依頼し直し、途中まできたところで突然、頓挫してしまったのです。本自体は別の形で出版されたものの、当初の意図とは別ものでした。その不可解な成り行きに「どうしてかしら？」と呆然としていたのです。

話を聞いた清水さんが伝えてくれたのは、「それはあなたの仕事ではありません。だから私が外しました」という思いがけない内容でした。いったい誰なのか尋ねると、歴史上著名なチベット僧でした。どういうことでしょう。考えてもみなかったことで驚きました。

このストーリーは、とても大事なことを私に伝えてくれました。それ以来、突然目の前の仕事がなくなったり、理不尽な扱いをされたときは、私を見守ってくれているそのときどきの神さまの仕業だと考えるようになったのです。

そんな出来事が起きると、相手を責めたり自分を責めたりしがちですが、清水さんの言を耳にして以来、私は「どなたか存じませんが、それは私の仕事ではないということですね」と受け取り、それをありがたく受け入れられるようになりました。

あるとき、目の中にコロコロしたものができました。眼科にいくと、石灰化したものができているとその場で切除されました。ところが一週間後、また同じものができて再び切除。

その後、清水さんとおしゃべりしているときに、また目がコロコロしだしたのです。さすがにこれは何か必要なメッセージだと思い、彼に尋ねました。

答えは「何か見極めなければならないことがあり、それがわかれば石は消えます」というものでした。それを聞いた途端、私はその見極めなければならないことが何なのか、思い当りました。

二カ月かけて書いた原稿を、担当編集者に「内容がさっぱり理解できない」といわれ書き直すことになり、取りかかっていました。けれど、なぜか気持ちが前に進みません。担当者のいうとおり書き進めれば、著者の意図とはまったく違う内容になってしまいます。著者の世界が担当者には理解されなかったからです。そのギャップで目がコロコロしたわけです。

私はその場で、その仕事を降りることを決心しました。すると、清水さんのいうとおり、目のコロコロは消えました。目の症状は、見極めなさいというメッセージだったのです。

耳の外側がピクピク痛くなったこともあります。放っておくと、やがて頭にまで響き、頭痛がしてきました。そのときもやはり、自分が向かう方向性が違っていて、心の声を聞かなければならないときでした。

突然起きるこうした身体の症状は、私を守護してくれている方からのメッセージのようです。そんなことがわかるようになったのも、清水さんのおかげです。

仕事は神さまの贈りもの

こんな出来事もありました。

その日、ほとんど書き上げていた原稿を最終的に見直していました。それを出版社にメール入稿して、午後の飛行機で出かける予定でした。原稿を読み終え保存しようとした瞬間、パソコンの画面がスーと暗転して消え、ダウンしてしまったのです。どこをどう触っても動きません。原因がわからないので、どうしようもありません。

そこは都心から離れた海辺の小さな町で、その日のうちにそれを修復に来てくれる人もいません。困り果てて友人に電話しました。彼女は身体の中を透視できるヒーラーで、彼女だったら何が原因か教えてくれるかもしれないと思ったのです。

電話に出た彼女は、開口一番「あんた、感謝が足りんのじゃない？」と、聞き慣れた九州弁でいいました。日頃から確かに感謝が足りないことは自覚していますが、このときは、それともちょっと違うような気がしました。

このままでは航空券も無駄になりかねませんし、予定の取材にも間に合いません。電話を切って目を瞑りました。どのくらい時間が経ったでしょうか。ある思いがふと胸の奥から湧き上がりました。

……この一冊の本を書き上げたと思っているけれど、その原稿はこの小さなパソコンの中にただ収まっているだけです。この本が世に出るか否かについては、私は関われないのだ……と思った瞬間、消えていた電燈が灯るように、パソコンの画面は徐々に明るくなって立ち上がったのです。

「ワアー！」歓声を上げました。鳥肌が立っていました。

この出来事は、「私がこの本をつくった」と思うのは勘違いだということを教えてくれたのです。宇宙は原稿を消すことで、私の気づきを促したのです。そうした出来事を起こしているのは個人意識ではなく宇宙意識です。

データが復元したことにホッとしながら、原稿を出版社にメールで送って、私は急いで出かける準備をし、歩きながらこの出来事を反芻していました。

「私はいま、本をつくる仕事をしていますが、それはけっして個の私がやっていることではなく、総体というか大きな流れの中で、自分に分担されていることをやっているだけなんだ」

つまり、大きな意思の流れの中で、それを担当しているだけなのです。

締め切りに追われて忙しくしていると、つい自分が仕事をやっていると思ってしまいがちですが、そんなときはこの出来事、つまり大きな流れのことを思い出すようにしています。

何日もかけて書いた原稿がパソコンから突如消えてしまうことは、今も時折あります。上書き保存されて消してしまったときですが、諦め切れずサポート会社に電話をしても、結局消えた原稿は元に戻りません。そんなときは大きくため息をつきながら、やはりあれは書き直す必要があったのだと、気を取り直して再び書き出します。そんなこともだんだん気づけるようになりました。あれがそうだったと思えるようなきっかけがあります。

四十歳になったばかりのときでした。自分がこれから何をやりたいのかを真剣に考え、「この世に必要なことを、神さまのお手伝いとしてやらせてほしい」と祈ったのです。それ以後、目の前にやってくる仕事すべてを「今度はこれですか」と受け取るようになりました。

突如目の前から消えてしまう仕事は、「これではなかったのですね」というように。たとえ自分で選択したものであっても、そんなふうに受け取れるようになりました。

本の制作中、どこに向かって書き進んでいるのかわからないときも、ただただ進めていると、次第にキーワードが浮かび上がってきて、落ち着くところへ落ち着いていきます。

ゴッドライターになる

ヒーラーの高江洲薫さんとの出会いは、ある編集者から動物の本をつくりたいので手伝ってほしいといわれ、高江洲さんのオフィスへ同行したのがきっかけです。高江洲さんはアニマルコミュニケーションの仕事と共に、「アルケミスト」というヒーリングセンターをもち、そこで自己探究のセミナーやカウンセリングをされています。

初対面でいきなり、「あなたとはこれからも一緒に仕事をしていくことになると思うから、過去世リーディングをプレゼントしましょう」と、三つ前までの私の過去世を見てくださいました。また自己変革セミナーでは、いのちのからくりやハイアーセルフとの繋がり方などを教えていただきました。

その高江洲さんから「あなたはゴーストライターではありません。ゴッドライターですよ」といわれました。そうなのか、と思いながらも、自らそれを名乗るには抵抗がありました。ちゃんと自分を自覚しなさいと促してくれたのだと受け止め、名刺の片隅に小さな文字で“god writer”と入れました。
ゴーストは幽霊ですから、もともと実在しません。ゴッドは特別なものではなく、みんなが神、つまり私も神なのです。そう自覚していれば、私もそれにふさわしい意識で仕事をすることができます。以来、私はゴッドライターの仕事を重ねています。人さまの話を聞き取り、それを多くの人に伝わるよう祈りながらする仕事は、学びと喜びのチャンスとなりました。パソコンの画面が消えてしまったときと同じように、大切なことを高江洲先生に教えていただきました。

にんげんクラブセミナー

船井幸雄さん亡きあと、あとを継いだのはご子息の船井勝仁さん。船井本社の社屋が芝浦から四谷に移る前のこと、「にんげんクラブ」を担当している重富嘉代子さんから、会報誌の巻頭インタビューを担当してほしいという依頼がありました。それがきっかけで、勝仁さんと再会しました。

にんげんクラブというのは、「世の中の構造」と「にんげんの正しいありかた」を長年研究してきた船井幸雄さんが二〇〇六年に始めた「世のため人類のためのよい近未来」を創ろうとする勉強団体です。

移ったばかりの四谷のビルに空き室があるから、そこで「にんげんクラブセミナー」をしようということになり、その企画を勝仁さんに頼まれました。

「そんなセミナー企画、私にはできません……」といいかけて、その少し前にセミナー企画をいろいろ考えていたのを思い出しました。ある著者の才能に惚れ込んで、彼女のためにセミナールームを設け、そこにいろいろな講師を呼ぼうとプランを立てていました。それは実現しませんでしたが、プログラムはしっかりもっています。

これまで一緒に仕事をしてきた著者や、これから本にしたい方たちに講師になってもらえばできるとその仕事を引き受けました。かつて手がけた『愛の宇宙方程式』（風雲舎）『ついに、愛の宇宙方程式が解けました』（徳間書店）の著者、保江邦夫さんのセミナーは、そのお話のおもしろさに大勢の人が集まり、たちまち人気セミナーになりました。

また、物理学者の川田薫さんにインタビューした際、「空海」にチャネリングしながら解き明かされたストーリーはじつに感動的で、これも十回シリーズとしてお話しいただきました。

また、宇宙情報から「アートテン」を展開されていた高橋呑舟《どんしゅう》さんにも十回シリーズで講演してもらい、その内容をまとめて『宇宙のしくみを使えば、すべてがうまくいくようになっている』（徳間書店）をつくりました。

さらに葦原瑞穂《あしはらみずほ》さん、高江洲薫さん、植原紘治さん、清水浦安さん、吉野信子さん、光田秀さん、秋山佳胤《よしたね》さん、長典《ちょう》雄さん、下野誠一郎さんなどを講師に、月に四、五回開催した「にんげんクラブセミナー」は、企画者である私自身がいちばんの聞き手であり生徒でした。

耳に神門《しんもん》というツボがあることを知って、「自律神経調整法」を編み出した飯島敬一さん、クンルンネイゴン継承者のKan.さんがセミナーを引き受けてくれたことも嬉しかったです。

船井幸雄さんに続いて、勝仁さんとご縁をいただいたことで、私は多くを学ばせていただきました。とても楽しい仕事だったのですが、勉強のため外部セミナーに参加したり、下準備に追われるようになり、またしても、本をつくるという本来の仕事に戻らなければと思うようになりました。あまり時間は残されていません。

そのころ、船井幸雄さんの「包み込みの法則」を独自の理論で展開する気功家・清水義久さんのセミナーを十回シリーズで開催していました。清水さんも私も、船井幸雄さんの仕事や考え方を見直すことに強い意味を見出していました。それを『包み込みの幸福論』（徳間書店）として出版。それを最後に、編集に専念することにしました。

そのことを清水さんに話すと、「じゃあ僕のセミナーをやってくれない」といわれ、慌てリエゾンのホームページをつくったりしましたが、清水さんも新たな会社でマネージャーを立てて仕事をすることになり、ご縁はなくなりました。けれど、清水さんのその一言がきっかけで、編集の傍ら、リエゾンとして小規模セミナーは続けることになりました。セミナー企画をいろいろ考え開催してきたことで、本とはまた異なった聞き手の反応が手に取るようにわかり、それはそのあとの本づくりにも役立ちました。実際、最近の本は話し言葉が主流となり、その場で話を聞いているような本がヒットしています。

背を押してくれた人

講師としてお願いしたこともある迫登茂子さんとは親しくなり、「十一日会」という定例の会合が開かれるご自宅にもよく伺いました。その都度、私に必要な言葉を和紙に書いてくださいました。

二〇一四年に書いていただいた言葉があります。

しっかり大地に根を張り
地の利にあわせ天の利をいただける人
この先の実りが楽しみです。

ただ、自分を抑え、控え目に楽しみを
覚えてはなりません。
出すのです。どんどん出すのです。
これからが本番です。

そして二〇一八年に書いていただいた言葉は、

おこる出来事は
すべて神のはからい
そのことを納得であろうが
この先　まったきの人生　はいはいの人生
一筋がよし

迫さんは目を瞑って神からのメッセージをお書きになるので、ご自分でも何を書いているのかご存じありません。書き終わり、筆を置いて、その言葉の真意を読みながらいろいろアドバイスしてくれるのです。本来引っ込み思案の私の背を押し、前に出るよう強くいって下さったことは、本当にありがたかったです。

これまで私がしてきた仕事の経緯を書きました。さまざまな紆余曲折を経て、今の仕事があります。もちろん一つの仕事を終生変わらずやり続ける人もいるでしょう。そうしたなかにもまた、いろいろな転機はあると思います。

天職に出会いたいと多くの人は望みますが、いきなり出会えることは稀です。多くの場合、そっちじゃないよ、こっちだよと、本当の私（潜在意識）が教えてくれるものではないかと思います。

「落ちる」と思われるような転機が訪れたとき、自分で判断することなく、身を委ねてみませんか。そうした流れに身を任せることで、結果的に、私はいつも新たな道を歩くことになりました。

それがいいか悪いかは別にして、自分で選ぶのではなく、じつは与えられたもののなかに、恩寵があったことを私は知ったのです。

〈愛読者カード〉

●書物のタイトルをご記入ください。

（書名）

●あなたはどのようにして本書をお知りになりましたか。

イ・書店店頭で見て購入した　ロ・友人知人に薦められて

ハ・新聞広告を見て　ニ・その他

●本書をお求めになった動機は。

イ・内容　ロ・書名　ハ・著者　ニ・このテーマに興味がある

ホ・表紙や装丁が気に入った　ヘ・その他

通信欄（小社へのご注文、ご意見など）

購入申込

（小社既刊本のなかでお読みになりたい書物がありましたら、この欄をご利用ください。送料なしで、すぐにお届けいたします）

（書名）　部数

（書名）　部数

ご氏名	年齢
ご住所（〒　-　）	
電話	ご職業
E-mail	

郵便はがき

料金受取人払郵便

牛込局承認

7161

差出有効期間
2022年7月
31日まで
(切手不要)

1628790

東京都新宿区矢来町122
矢来第二ビル5F

風雲舎
愛読者係行

●まず、この本をお読みになってのご印象は？

イ・おもしろかった　ロ・つまらなかった　ハ・特に言うこともなし

この本についてのご感想などをご記入下さい。

（第5章）

お金は生き方

不動産を買いなさい

リエゾンの会計士さんにずっといわれていたのは、「女一人で会社をやっていくなら不動産を買いなさい」でした。当時、不動産は資産としてもっとも安定したものだと思われていました。そういえば会社を設立して最初に会社の銀行口座をもとうと近くの第一勧銀に出かけた際、誰の紹介ですかと聞かれました。紹介者がいなければ会社の口座を開くのも難しかったのです。もともとそうした社会のルールに疎い私は、会社設立の書類を司法書士さんに任せるのではなく、すべて自分の手で作成しました。苦手なことをあえてやることで、自分の不足を補おうと思ったのです。

いくら不動産を買えといわれても、当時はバブルの時代ですから、目にするのはほとんど億単位でとても手が届きません。しかも不動産を買いたいなどという欲求は、自分の中にはありませんでした。

ある日、新聞の片隅に、海辺に建つ小さなマンションの広告を見つけました。なぜか私はそれを切り抜いてバッグに入れました。土曜日の早朝目が覚めたので、それを見に行こうと思い立ったのです。首都高から東名、小田原厚木道路と車を飛ばし、細い真鶴道路に出ると、海面全体に光が射し込んで輝いているではありませんか。

その海を見下ろすかたちでマンションは建っていました。三階建ての角にある部屋が理想的でしたが、すでに買い手が付いていました。地元の漁協が船を繋留させてくれるというので、船の持ち主が予約していたのです。不動産屋さんにその場で電話で問い合わせてもらうと、船のサイズが合わないためにキャンセルしたいといったそうです。私の気持ちはそのとき決まっていました。

東京に戻ると、その足で会計事務所に行き、その物件の購入を相談しました。彼はいいとも悪いとも断言せず、考えられる限りのデメリットを私の前に並べました。リゾートマンションの購入をいいとは思っていなかったようですが、反対はしませんでした。バブルが終わろうとしていたころ、リゾートマンションを手にした人の苦労話は、その後いろいろ聞くことになります。

結果、私はその小さなリゾートマンションを手に入れました。金曜日、仕事を終えて夜中に東名を走り、真鶴の海から上がる朝日を見るのが楽しみになりました。しかも真鶴半島には「魚付林《うおつきりん》」として江戸時代に漁師の手によって植えられた杜「おはやし」があり、その杜の中を歩きまわる時間はまさに至福のときでした。

お金は回すもの

会社をやっていたころの私のお給料は税理士さんが決めたのですが、高額でした。それまで薄給だった私にとってよろこびでした。けれど、そのお金は会社のものであって私個人のものではないということに、すぐに気づきました。その気づきはありがたかった。バブルのころに企業のＰＲ誌を何誌もつくっていましたから、実際入金はかなりありましたが、それを自分が好きなように使うわけにはいきません。コンピュータやコピー機などの機材がいつ壊れるかもしれません。スタッフのお給料を来月も支払えるかどうか保証はありません。予定外の支出がどのくらいあるのかもわかりません。そのための予備費は必要であり、お金は私のものであって私のものではなかったのです。

そうした経験が私の金銭感覚を変えるのに幸いしました。入ってくるお金は、また出さなければなりません。入ってくるものを出していく、お金というのは回していくものだという、ありがたい経験です。

のちに仕事をＰＲ誌から単行本制作に切り替えると、入金は極端に減り、次第にローンが重荷になっていきました。そこで六本木の事務所を閉めて、真鶴を仕事場として使うことにしました。

すでにバブルが弾け、ローンの組み直しでかなり低額にはなったとはいえ、返済額は六本木の家賃とほぼ同額でした。そのローンを払い続けることで、仕事で得たお金をほとんど失うことになりました。

真鶴でひとり仕事をした八年間はたしかに充実していました。目の前の海は刻々とその色を変え、飽きることがなく、近くにあった原生林にも深く癒されました。

その後、父が倒れて母一人では介護が大変だということになり、両親の家に帰ることにし、同時に真鶴のマンションを手放すことにしました。これまで自由に生きてきた私が両親と暮らすには、これまでの生活を改めなければなりません。年貢の納めどきという言葉がありますが、そんな心境でした。

投資にはいろいろある

リゾートマンションを売ると決めたものの、そんな物件は世に溢れていて、簡単には売れません。結局、購入価格の十分の一くらいでようやく手放すことができたのですが、精算すると手元には何も残りませんでした。

当時は不動産を購入、転売して、さらにいい家に転居することが普通のように考えられていました。税理士さんが不動産を勧めたのもそうした投資の意図もあったと思います。

しかし、私がしたことはまるで逆でした。資産運用という点からいえば大失敗です。ところが、私にはそうは思えませんでした。東京を離れ、鄙《ひな》びた海辺の漁師町に八年間住んだことで、私の内面はガラッと様変わりしていました。目の前の海は、これまで歩きまわった海外とそのまま海で繋がっているような気がして、精神的にも自由でした。

朝目覚めると、太陽が上がる前に真鶴半島の先端にある三ツ石海岸まで行って日の出を拝み、その後、「おはやし」を歩きました。毎晩真夜中まで仕事をしていた六本木時代の暮らしを思えば、海辺での暮らしはまるで一世紀ほどタイムトンネルで戻ったようにも感じられました。お金では買えない貴重な時空を手にしていたのです。そう思えば、これは大きな投資だったのかもしれません。

この場所を気に入ったのは、私の過去世からの記憶が関係していたのかもしれません。ずっと以前のことですが、前世が源頼朝だと語るある人が当時の部下たちを探していて、私もその一人だといわれたことがありました。

マンションのすぐ下に小さな祠《ほこら》があり、のぼりが立てられていました。そこに書かれていたのがかつて頼朝の部下だと教えられた私の名前でした。歴史を見れば、伊豆に流されていた源頼朝は、そこを脱出して、真鶴の漁民に匿《かくま》われたのち房総半島に船で逃れ、やがて鎌倉幕府を樹立します。部屋からは海の向こうにその房総半島が望めました。

偶然住んだと思っていた場所も、じつは自分にとっては縁のある場所なのかもしれません。縁は人だけでなく、地縁もあります。

この真鶴の自然の中で暮らすことによって私は大いに癒され、それからまた新たな仕事へとスタートしていきました。そうした生き方を繋いでいくものがご縁であり、お金というツールなのだと思います。

お金はついてくる

お金って不思議なものです。使い方によって人生は変わります。「お金がないと何もできない」といわれることもありますが、それは事実ではありません。したいことがあり、それが必要なことなら、お金があってもなくても、それは成し遂げられます。必要なのはお金ではなく、やりたいという思いです。お金はその人の思いのあとについてくるものだと思います。

たとえば、コロナ禍のこの時代、多くのお店や会社が潰れました。私たちは、コロナだからこうなったといいますが、じつはコロナ前からこうなる兆しがあったのです。ビジネスが大変で、もうやめたかった、そうしたらちょうどコロナが来てくれた。それを、コロナのせいでダメになったというのです。けっしてコロナのせいではなく、コロナをきっかけに思いが表面に出ただけの話です。

さらに、コロナ禍の社会的補填として、政府は国民全員に十万円を給付しました。そのとき私は、「ベーシックインカム」という新しい制度の始まりを予感しました。ベーシックインカムとは最低限所得保証の一種で、最低限の生活を送るのに必要な現金を、政府がすべての国民に対して定期的に支給するという政策です。社会の価値観をお金で計る、またお金で計られる社会はもうすぐ終わるのかもしれません。

小学校二年生のとき、先生が「日本は貧乏な国です」といいました。私はそのとき手をあげていいました。「先生、じゃあ、お金がみんなに行き渡るように、国はお金をたくさん刷ればいいんじゃないですか」と。するとクラスメイトが「おまえバカだな」といったのですが、私にはその意味がわかりませんでした。

あのとき二年生の少女がいったように、お金は、現在たくさん刷られています。それはある一部の人たちのところに行っても、けっしてみんなに行き渡ってはいません。

今の私は、かつての私が願ったように、みんなが平等であればいいとは思いません。さまざまな暮らしがあっていいと思います。お金にとらわれなくてもいい暮らしや生き方ができればいいと思うのです。ですからまずは、自分が何をしたいのか、それを考えればいいのではないでしょうか。その思いが本気であれば、お金はきっとついてきてくれると思います。

お財布は語る

深澤早苗さんは、野菜の声を聞きながら、野菜から教わったレシピどおりに料理する素敵なシェフですが、要望があればお財布リーディングもします。その人の使っているお財布は本人の意識を知っているから、聞けば必要なことを教えてくれるのだそうです。

お財布を新しくするときは、お金との付き合い方が変わるチャンスでもあります。早苗さんは希望があれば、お財布ショッピングに付き合うこともあるそうです。

女性経営者のMさんは、お財布を新しくしてビジネスがうまく回り始めたのはいいのですが、忙しすぎてゆとりがなくなったそうです。今度はゆとりのもてるお財布を買い求めたいというので、早苗さんが付き合うことになりました。

Mさんの好きなシャネルのお店に行き、早苗さんは、そこにあるお財布の意識を読んで、一つめは、お金は入ってくるけれど忙しいお財布、二つめは、お金はそこそこだけれどゆとりがあるお財布の二つを選んで、「どちらがいいですか」とMさんに尋ねました。

Mさんは一つめのほうに手を伸ばしかけましたが、結局自分の目的にかなった、二つめのお財布を買いました。人は本当の自分の意識にはなかなか気づけませんから、早苗さんのアドバイスが必要でした。

なぜお財布リーディングを始めたのか、早苗さんに聞いてみました。お財布は、それを持つ人の意識をそのまま映しています。早苗さん自身、お金に苦労した時期があり、お金っていったい何なのか、長い間考えてきたそうです。また自分のお財布の中に入っているお金が喜んでいるときと、そうではないときがあることにも気づきました。

そしてわかったのです。お金のことを考えず、自分がしたいことをしているとき、いつのまにかお財布にお金が入っていることに。それは純粋に、自分がしたいことをしているときでした。人のためにということでもなく。

本当に自分がしたいことを喜んでやっていると、いつのまにか喜びのエネルギーが自分の周囲に回り、結果的に、お財布の中のお金も喜んでいたのです。生き方とお金は繋がっているのです。

お金セミナーなら、どうやって資産を増やすかというノウハウを教えるのが一般的です。そういう意味でいうと早苗さんの考えは真逆です。お金のことを先に考えないのですから。たとえばAとBの仕事があり、Aは難易度が少し高く、Bより賃金が少し高いとします。どちらを選ぶか、というのもダメです。こっちか、そっちかという二つの選択肢があるからです。

大切なのは、さまざまな条件から離れて、とくに「お金の法則」といわれているような世間的な常識から離れて、自分がしたいことをするだけ、と早苗さんはいいます。

その早苗さんが私のお財布を見てくれました。「欲がないよ〜」と、私のお財布はいったそうです。そうかもしれません。

今はお金のことで悩むことはあまりなくなりました。お金があるからではありません。むしろあまり縁がなくなりました。けれど働ける限りは仕事をしていこうと思っています。仕事が好きだからです。

（第6章）

人間関係の原点は家族

過去世でのご縁

前に述べたように、私は高江洲先生に過去世リーディングをしてもらいました。必要なことは、過去どんな人物であったかではなく、何を体験し、そして今生、何を体験するために生まれてきたのかを知ることです。

また高江洲先生は本人の過去世だけでなく、「シェアリング・ソウルメイト」という存在があるといいます。亡くなって次の生に生まれ変わる中間世で、私たちは五人のソウルメイトに出会い、それぞれが経験した人生を隅々までシェアするのだそうです。そうすることによって当人は五人の人生を体験することとなります。生まれ変わりが進化のためだとするなら、そのスピードは五倍になります。その記憶があまりに鮮明なために、自分の過去世と勘違いする人が少なくありませんが、その記憶は本人のものではありません。

教えていただいた私のリーディングの内容は、「そうだったのか！」と、まことに納得できるものでした。

一つ前の過去世で、私はフランスのある地方貴族の次男でした。城を継ぐ必要もないため、パリ大学で政治を学んだ私は、ベルギーで出会ったアメリカ人女性と恋に落ちてアメリカに渡り、南北戦争を戦いました。そこで左目を負傷しますが（今も左は弱い）功績を認められて外交官となり、日本、中国、韓国にやってきて外交上のアドバイスをしていました。日本では再婚して子どもをもうけたとのこと。

私は英語ではなく、なぜかフランス語が懐かしいと思っていました。海外最初の地はパリ。石畳の道を歩きながら、ここは歩いたことがあるという既視感《デジャブ》を覚えました。ベルギーには親しくしていた家族がいて、クリスマスをそこで過ごしたこともあります。やがてアメリカにも行きましたが、アメリカはあまり好きにはなれませんでした。過去世で縁のあった場所や人は、今生でも懐かしい場所として感じられるようです。

以前、松江の小泉八雲の住んだ家や散歩道を取材していたとき、なぜかとても懐かしく、私の過去世は小泉八雲、ラフカディオ・ハーンではないかと感じたことがあります。彼はギリシアに生まれ、フランスやイギリスの大学を経て渡米。新聞記者となって西インド諸島を旅し、その後訪れた日本に定着。どんな土地にあっても人間は根底において同一だという思いがあり、松江では英語教師をしながら日本人と結婚。私は彼が書いた紀行文や小説も好きでした。

そう思っていたこともあり、高江洲先生から聞いた自分の過去世に違和感はなく、ラフカディオ・ハーンと、どこか似ていると感じます。

高江洲先生は私の家族構成を見て、「あなたは幸せな人ですね」とおっしゃいました。家族というのはたいてい過去にできなかった宿題を果たすために再度、家族として生まれてくる宿命が少なくないそうです。けれど私の場合、過去に私を守っていてくれた人が今もそばにいる——。それが「幸せな人ですね」の意だというわけです。

二つ前の過去世でロシア貴族の病弱な娘だったとき、私は人生のほとんどをベッドで過ごしました。そうしたなか、いろいろな書物を読み聞かせ、世界の出来事を教えてくれた家庭教師がいました。その人はやがてロシアを離れることになり、私はとても寂しく嘆きました。もう一度会いたいと強く願っていました。今生、その人は私の母となっています。病弱だった私は若くして亡くなりますが、姉妹や周囲からは厄介払いができたとほっとされます。唯一、私の死を悲しんでくれたのは母親だけ。その人が、今生で私の妹です。

思えば母は、いつも口うるさく何かを私に教えようとして、閉口することも多かったのですが、家庭教師だったといわれたことで心底納得し、心から感謝しました。

妹とは生き方や趣味は違うのですが、互いに影響を与え合っていて、誰よりも頼りになる存在です。

そうした自分の過去世を聞いたとき、改めて母と妹に感謝の気持ちが溢れ出て、涙を抑えることができませんでした。その母は現在九十六歳、都内に住む妹と共に介護を続けている最中ですが、私は結婚しないまま自分の家族を作らなかったこともあり、この家族の存在はただただありがたいものです。

両親の愛

人は意識的にも無意識的にも、お互いに助け合っています。真鶴で暮らし始めて八年経ったとき、父が脳梗塞で倒れました。近くの病院に入院したのですが、高齢の母一人で介護するのは大変なので、いろいろ考えた結果、私は両親の家に帰る決断をしました。同時に、このまま真鶴のマンションを残していてはこの生活への未練が残るという思い、そしてこれまで本当に自由に、自分のやりたいことをさせてもらったという感謝の気持ちもありました。さらにリゾートマンションを持ち続けていては新しい生活に入る自信がもてなかったのです。

当然のことながら両親の家には生活道具すべてがありましたから、それまで趣味も兼ねて集めた家具や食器などすべてを手放し、人にもらってもらうことにしました。底値で売れたそのマンションを購入したのは、離婚後ひとり暮らしを始めるという女性。テレビや冷蔵庫、洗濯機、電気製品からベッド、食器棚などすべてをそのままにして、最低限の物だけを持って両親の家に帰りました。

アフリカの動物を描いた絵画、好きな版画、世界を旅した際に買い集めた民芸品などを手放すことで、これから始まる両親との生活に入ることを決断しました。そのときは介護生活という新しい生活がスタートするということで、正直にいえば自己犠牲の気持ちもありましたが、同時に、ここまで自由に自分の好きなように暮らしてきたのでもう十分かもしれない、とも思っていました。

ところが、です。両親の家での生活にも慣れたころ、事件が起きました。先に書いたように、八冊の本をつくった著者との突然の訣別です。そのとき気づきました。両親の介護のために家に帰ろうと私は思っていたけれど、じつは両親が孤立する私を守るためにしてくれたことだったのではないかと。

あの一件から立ち直るには少し時間が必要なことがわかっていて、父は自分の命を犠牲にして、私を両親の家に戻してくれたのではないか。そう思ったとき、私は号泣しました。親という存在はなんてありがたいものか。

両親にその自覚はないと思います。私は両親のために自分の生活を犠牲にしたつもりだったのに、親が子を思う気持ちはこんなふうにして果たされるのですね。そう思って見ると、人の助け合いというのは、個人の意識を超えて、日々なされていることがわかります。

とりわけ家族の場合、そうした心の交流は目には見えないことが多く、なかなか気づくことができません。もう一度よく見直してみる必要がありそうです。自分の思いを超えたところに、家族の愛はきっと見出されます。人間という字に、なぜ「間」という字が入っているのでしょうか。多くの人がいうように、人は一人では生きられないからかもしれません。

自然に癒される

両親の家がある我孫子《あびこ》での暮らしは、東京や真鶴でのひとり暮らしが長かった私にとって、当初不足ばかり感じていましたが、ふと気がつくと手賀沼周辺の豊かな自然に日々慰められている自分を発見することになりました。そんななか地元の人たちと何か交流をもてないかとサイトを検索して見つけたのは、地元の山の会。入会し、還暦を間近にして登山を始めることになりました。

もともと自然の中を歩くことが大好き。二十代のころは十人の仲間たちと南アルプス近くに山小屋を作ってよく出かけ、また、ヨーロッパでは晩秋、落ち葉を踏みしめながらスイスやドイツの深い森の中をよく歩きました。

山の会で本格的に山登りを教えてもらうことになり、仕事の合間を縫って新たな楽しみを見出すことができました。登るときは辛く、呼吸も苦しいのですが、どうにかそこを過ぎると、どこまでも歩き続けられるような気分になります。呼吸を整えるために立ち止まると、よくぞこんなところに、というような岩陰に、ひっそりと愛らしい高山花が咲いています。木霊《こだま》の存在をたしかに感じられるような樹林帯を歩き続けていると、頭の中は静まり、癒されました。

森に癒されるのはなぜでしょう。「森には無数の生命が息づいていて、その無数の生命の音2万ヘルツが奏でているものに癒されるのだ」と語る人がいて、それには深く納得しました。房総の山奥深くに一人で住んでいる女性は、「最初は寂しいかなと思ったけれど、この自然の中にいるといろんな命がいることがわかり、ちっとも寂しくはないの」といいますが、そういうものなのでしょう。

子どものころの私は、あれこれいろんな想像をするのが好きで、たとえ城や塔に閉じ込められたとしても、そこから空や緑が見えるなら寂しくない、と思ったことがありました。私にとってそれほど、自然はなくてはならない、いつもそばにあってほしいものです。

父の看取り

何度目かの入院生活で、あれほど病院を嫌がって早く自宅に帰りたいといっていた父は、いつのころか、家に帰りたいとはいわなくなりました。

寒い季節に入ると、父は肺炎を起こしました。医師からは「高齢者の肺炎は危ないのでご家族に知らせてください」と告げられ、妹たち家族も駆けつけました。熱が下がるのを見届けて、私たちはとりあえず家に戻りました。

夕食後、なんとなく気になって、私は再び病院に車を走らせました。すると父の呼吸が早くなっていたので、急いで母を呼びに家に戻りました。

病院に着くと、父は最後のときを迎えようとしていて、モニターのついた個室に入れられていました。あらかじめ延命治療はしないでほしいと告げていたので、医師はモニターで見守り、家族だけにしてくれました。

父の呼吸が次第に早まってゼイゼイし始めると、母は慌てて医師を呼びに行こうとしましたが、私はそれを抑えて、苦しそうに見えるけれど、この最後の呼吸は本人にとってはもう苦しくないことを説明し、父の手を握って三人で一緒に一、二、三と、数を数えるように呼吸を合わせました。やがてその息は止まりました。父の顔は穏やかさに満ちていました。

都内の親戚のお寺に電話をすると、すぐに病院に父を迎えに来てくれました。お寺に到着すると、納棺師さんが呼ばれ、父の身体を清め、真新しい着物に着替えさせて死化粧を施してくれました。そのお寺は父と縁の深い馴染みのあるところだったので、私たちはそれを見届けた深夜、家に戻りました。

翌々日の葬儀の日は、いつもの年より数日早く桜が満開でした。葬儀に来てくださった父の友人たちは「新谷が花見に呼んでくれた」と一献交わしながら、和やかに帰られました。

母の代わりに私が喪主を務め、こうして父を見送りました。不思議なことに、悲しみはありません。病室にいた父ではなく、昔のままの元気な父がそばにいるような気がしていたからです。それは今もそうで、なにか不思議な感覚です。

亡くなると、処理しなければならない決まり事、死亡届や預金の手続き、お墓などいろいろあり、それをリストに書き出し、一つひとつ片づけていきました。父を見送ったあとは、母を残して家を出るわけにはいかず、母との二人暮らしが始まりました。

昔から「親のお葬式を出して初めて一人前」といわれますが、なるほど事実だと思います。家族という身内の死を見守ることで、この世のハードルを一つ越えることができます。肉体の死は終わりではなく、その魂の実在に触れることができるからでしょう。そのことで私たちは、自分なりの死生観を得ます。

母の入院

父の十三回忌を終えた二〇一九年の暮れ、母が大腿骨骨折をしました。高齢者には多い骨折です。この骨折から、老人たちの日常生活のレベルは大きく落ちるといわれています。すぐに手術するのがベストですが、病院はすでに正月休みに入っていて、一月十日の手術まで母はそのままベッドで寝かされていました。初めて着けるオムツで尿路感染による高熱が出たりして、予定どおり手術が受けられるかどうかハラハラです。また、インフルエンザの流行で、救急の患者さんが病院に溢れ返っていました。

無事に手術がすんでリハビリが始まるところ、今度は点滴の液が漏れて静脈炎を起こしてしまいました。腕が真っ赤に腫れて一週間ほど高熱が続いたのです。母も何が起きているのか受け止められず、次第に認知能力が落ちていくのがわかりました。病院への不信を募らせながら、毎朝夕病院通いをしたのは、母にとって失われつつある日常を支えたい一心でした。

私は暮れから締め切りの仕事をいくつか抱えていましたが、毎日の病院通いが主となり、その合間に仕事をする状態が続きました。パソコンを病室に持ち込むこともありましたが、私がそばにいるだけで母は安心しました。

二カ月後、リハビリ病院へ移ることになりました。あらかじめ候補の病院を見学に行き、病棟やリハビリの様子を見て、そのうちの一つを選びました。各病院にはソーシャルワーカーがいて、こちらの希望や気持ちを伝えると、相手先の病院のソーシャルワーカーと直接連絡をとって、空きベッドの状況などを確認しながら転院の詳細を段取ってくれます。

リハビリ病院のソーシャルワーカーは、母のこれまでの日常生活や趣味、生きがいにしていることなどを一時間余りにわたって丁寧に聞き、退院後の生活の目標も一緒に考えてくれたので、私は初めて安堵することができました。

いろいろな現場を取材してきた私の仕事柄、新しい環境に入ると、そこがどんな目的の下で、どんなふうに運営されているのか、取材者の視点で見てしまいます。母のベッドの脇には毎日、医師、理学療法士、作業療法士、看護師によるその日のプログラムが貼られ共有されていましたから、私もその時間に合わせて通院することができました。

日本で介護保険制度がスタートしたのは二〇〇〇年。これがなかった時代には家族の負担が大きく、大変だったと思います。現在、団塊《だんかい》の世代が七十代になったこともあって被保険者が著しく増加するなか、サービスの利用者は三倍ほどに増加しているようです。リハビリ期間は三カ月と定められているものの、このおかげで骨折後寝たきり状態になることは避けられてありがたいです。

友人たちの入院生活と家族

病院に通う日々、思い出したことがあります。Kさんのことです。彼女の三番目のお子さんが幼少期に小児がんと診断されました。いつまで続くかわからない介護生活を余儀なくされ、病院に寝泊まりの日々。ときどき洗濯物を干しに病院の屋上に上がっては、ただ空を見上げていたそうです。その心境はいかばかりだったのか、かつて聞いたKさんの話を我が身に照らしてよく思い出していました。

その後、幼かった息子さんは奇跡的に治癒し、今では元気に活躍しています。Kさんもいろいろな体験を経て、今は人を癒す素敵なヒーラーです。ただただ人に寄り添う、ベテランさんです。

もう一人は、地方新聞の女性編集者だったUさん。交通事故に遭って病院に運ばれましたが、脳挫傷を起こしてしばらく意識が戻りませんでした。不運なことにぶつかった相手は保険未加入の少年。長引く医療費は自己負担となりました。意識が戻ってからも、Uさんの理解力は失われていました。とても美しい人で、大学で文学を教えていたご主人とは趣味が一致していて理想的なカップルでした。そのご主人も前年にがんで亡くしていました。

Uさんの介護は残されたお嬢さん二人の手に委ねられました。娘さんの一人はお腹に赤ちゃんがいました。Uさんにもはや治療の手立てはなく、やがて施設に移って寝たきりの生活が続いています。でも、呼びかけるとわずかに目が動き、唇が動きます。本人の意識には届いているようです。

それぞれの家族には、それぞれの物語があります。少し静けさを取り戻した私は、そうした思いに至っています。

コロナ禍で面会謝絶

母がリハビリ病院に入院して三週間ほど経ったころ、新型コロナウイルスが蔓延してパンデミックの様相を呈し、ある日突然、面会不可となりました。その一週間前に面会に行けなかった日があったのですが、当日、母は高熱を出しました。コロナでこれからずっと会えないとしたら母はどうなるのだろうと私も不安でした。

母が病室からリハビリ室に移動する際に受付の前を通ります。理学療法士さんにその時刻を教えてもらい、それに合わせて洗濯物の受け取りに出かけることにしました。こうして、車椅子で運ばれて行く母に毎日声をかけることができました。母のメンタルを気遣って、毎日手紙も書きました。

結果的に、三カ月の予定だった入院を二カ月に繰り上げてもらい、そのあとは自宅での訪問リハビリに切り替えました。肉体的なことより精神的なことを優先したほうがいいだろうと思ったからです。

母の入院に付き添う日々は、私自身の心の整理をする期間でもありました。私たちは愛情というものを母親から与えられて、それを知ります。愛の多くは、いいえ、そのほとんどを母親から学びます。母親からいわれたことは、良きにつけ悪しきにつけ、そのあとの人生に影響を与え続けます。また生きるための数々のルールを、母親の目を通して学びます。生まれてからずっと母親の庇護のもとに、愛情を込めて育ててもらうからです。

私自身、小学生のころは登校する前に、帰宅する時刻に母親が家にいるかどうか確かめてから出かけたものです。何か用があって母が不在の日には、帰宅時刻まで友だちと遊んで時間をやり過ごしました。母親の不在は耐えられなかったのです。そのころこの世でいちばん怖いものはと聞かれたら、「母親の死」と答えたでしょう。そんなことは考えるだけでも恐ろしかった。

成長して社会を知るようになると、母親を一人の人間として客観的に見られるようになり、母親離れをしていきます。母親への批判が高じ、それはときとして「親殺し」として哲学的課題ともなります。私自身もそうでした。自分の生き方と母親の生き方は違うと感じ、なるべく干渉されたくないと思い、やがて早く家を出たいと願うようになりました。

あなたは私

こんなふうに乗り越えてきたはずの母娘の課題が、今は逆転して現われました。

母には軽い認知障害も生じ、少し前のことも忘れるようにもなっていました。デイ・サービスに通うようになると、家を出る前に「今日帰ってきたとき、あなたは家にいる?」と必ず私に尋ねます。かつての私のように。

女優、原田美枝子さんのお母さまは、ある日「私、十五歳から女優やっているの」とおっしゃったそうです。十五歳から女優をやってきたのは原田さん自身で、それを陰でずっと支えていたのがお母さままでした。

原田さんは最初どうしてそんなことをいうのかしらと思ったそうですが、やがて、母はずっと娘と共に生きてきたのだということに気づいたといいます。それならと母を本当の女優にしてあげようと、母を主人公にした映画を撮られたそうです。

その話をテレビ番組「徹子の部屋」で聞いたとき、ああ、そうなんだ……と深い感動を覚えました。誰かのために懸命に生きていると、やがて人と自分の境界が消えて一緒になっていくのですね。

九十六歳の母も、もはや新しいことは記憶に残りませんが、「何か心配事ある？」と聞くと、「何もないわ」といいます。「じゃあお母さんは幸せね。心配事がないのだから」というと、「そうかもしれない」と答え、そして「全部あなたに任せたからね」といいました。こんなふうにすべてを委ねたら、悩み事や心配事はすべて消えるのです。

記憶を修正する

母親との関係がうまくいっていない人が少なくないようです。私も思春期が過ぎて自分の価値観がはっきりすると、それが母とは違っていることから、距離を置こうとしていた時期がありました。

それで思い出したのは、清水浦安さんの話です。

長年母親とうまくいっていない女性の相談がありました。話を聞いたあと、清水さんは許可を得て彼女の過去に遡り、潜在意識に蓄積されている記憶を読みました。潜在意識には記憶の倉庫があり、忘れてしまったような古い記憶も何もかもすべて蓄積されているそうです。

清水さんはそこから一枚の風景を取り出し、「子どものころの、こんな写真はなかったですか」と尋ねました。彼女はその写真を覚えていました。二、三歳のころ、浴衣を着て母親に抱かれたスナップです。母親の表情は暗く、少々不機嫌そうに見えました。彼女はそれを見て、「小さいころから母は自分のことを好きではないと思っていた……」と口にしました。

清水さんが、そのときのことを精査しました。母親は、自分が縫い上げたばかりの浴衣を娘に着せて写真を撮りたいと思っていました。ところが娘は嬉しくて動きまわり、うまく着付けることができません。写真を撮るには撮ったのですが、もう少し可愛く着せたかったのにと、うまくいかなかったことを悔いていました。可愛い盛りの娘に着せる浴衣を懸命に縫い上げて一緒に写真を撮ろうとしたのに、うまくいかなかった。不機嫌そうなその表情は、そんな自分自身に対する思いだったのです。

その話は、彼女にとってはまったく意外なものでした。自分が思い込んでいたこととはまるっきり違っていたからです。

記憶には、起こった「事実の記憶」と、それについてどう思ったかという「想念の記憶」があり、両者は必ずしも一致していないそうです。むしろその二つは異なっている場合のほうが多いといいます。

清水さんから母親の思いを伝えられたことで、彼女は長年母親に対して抱いていた感情はもしかしたら思い過ごしだったかもしれない、と気がつきました。

想念の記憶は上書きして修正することができるそうです。それを修正できたとき、その記憶をクリーニングしたことになります。実際、彼女は母親に愛されていたことを知ったのです。人は、愛されていると思うことで、自分を愛することができます。愛することと愛されることは同じであり、愛するというのは、愛されているということの相互作用です。心の置きどころひとつ、視点ひとつで、たちまち世界は変わります。すごいことです。

もし、長年心につかえていることがあるとしたら、その出来事をもう一度、潜在意識にまで遡って振り返ってみてはいかがでしょう。記憶が塗り替えられ、問題はなかったと知るとき、そのことだけでなく、大きな解放が起きることを清水さんは教えてくれました。

同じ言葉が真逆になるとき

私が信頼を寄せている香咲弥須子《かさきやすこ》さんは、ニューヨークでCRS（Center for Remembering & Sharing）を運営し、「奇跡のコース」を日本や世界で教えています。世界でベストセラーになっている『奇跡のコース』（ナチュラルスピリット）は、キリスト教がバックボーンになっているため、読み進めるのに困惑するときもありますが、香咲さんのガイドによれば、たちまちそれも氷解します。さすが、三十年以上ニューヨークで暮らし、「奇跡のコース」に向き合ってきた人です。

その香咲さんから聞いた話です。

香咲さんが、奇跡のコースのレッスンを始めてしばらくしたとき、ホーリースピリットの声を初めて聞き、その存在をはっきり感じました。声の主に尋ねます。

「なぜ、ここに、きてくださったのですか」

その答えは簡潔にして明瞭でした。

「それは、あなたが、どうしようもないからですよ」

その言葉に香咲さんは、身体が震えるほどの喜びと同時に、救いを感じたそうです。

もしそのときホーリースピリットに「あなたがすばらしいからだ」とか、「あなたが頑張っているからだ」といわれたら、それからも頑張り続けなくてはなりません。

同時に香咲さんは、子どものころ同じ言葉を信頼していた父親にいわれ、ひどく傷ついたことを思い出します。ホーリースピリットの言葉には救い上げられたのに、かつて父親から同じ言葉をいわれたときには突き落とされたことを思い出したのです。

そのとき香咲さんは、傷つく自分も許されていることに気づいたそうです。

傷つくとき、私たちはいつも自分を守るために戦っています。もう戦わなくていいとわかったとき、私たちの傷はすでに癒されているのです。

潜在意識のクリーニング

最近インタビューした僧侶、小林弘典さんのお話です。

自分の苦しい過去から抜け出ようとしているときに、「あなたは今こういうふうに思っていますが、その自覚はありますか」と、自分では気づいていない潜在意識を指摘し、導いてくれる師との出会いがありました。

あるとき師は、「あなたはお母さんのことを憎んでいるけれど、気づいていますか」と、尋ねました。

小林さんは、幼いときに亡くなった父親の代わりに働く母親を助けるため、小学生のころから朝は牛乳配達、夕刻は新聞配達をし、食事作りをしてきました。母親を少しでも楽にしたいと思っていたからでした。ですから最初、母を憎んでいるという言葉がまったく受け入れられませんでした。

しかしその言葉がなぜか心に引っかかり、自問自答しました。記憶を掘り下げ、場面場面での母親とのやりとりを思い出していると、母親の厳しさに内心反発していた自分の心に気づき、また、そういう境遇を恨んでいた自分を発見したのです。厳しい母親のそばにあまりいたくないと思っていた――正直な自分を発見したのです。

その後、小林さんは母親と腹をわって話し合う機会があり、子どものときにはいえなかった感情を素直にぶつけました。母親はこう語りました。母親は幼少期に家庭の事情で祖母に預けられたことから、「自分は捨てられた」と思い、愛されたという実感が薄かったのです。「あなたが生まれたとき、どうやって愛すればいいのかわからなかった、ごめんなさい」といいました。そんな会話を通して小林さんは母の本当の気持ちがわかり、それまでの心の葛藤が消えたそうです。

さらに師から「自分の嫌いな人を百人書き出しなさい」といわれ、嫌いだった人を懸命に思い出しながら、ようやく百人の名前を書き出しました。

次に「その百人の何がどう嫌いなのか、書き出しなさい」といわれます。それも必死に考えて書き出して持っていくと「その百人の嫌いな部分は全部自分の中にあるから、それを点検しなさい」といわれたのです。

そんなふうにして小林さんは、潜在意識のクリーニングをしました。自分の心はよほど注意深く見ていないと、自分本来の生き方をするのは難しいと思うと教えてくれました。

内観という手法があります。遡って、自分では気づいていない部分を詳細に思い出していくのです。そのことから自分の記憶が正され、改めて多くの気づきが得られます。小林さんの体験を聞いたとき、それはすばらしい手法だと思いました。

小林さんは僧になったあと、「看取《みと》り士」の資格を取り、「看取り僧」としても活動されています。そうした仕事をするために、過酷な体験を自ら背負ったように私には思えます。

その人らしさは変わらない

母に認知症手前の症状、短期記憶が残らなくなったころ、私は認知症の研究家で、多くの人々に頼りにされた医師、長谷川和夫さんのことを知りました。

多くの病院では認知症の検査に、長谷川医師が開発した「長谷川式簡易知能評価スケール」を使用しています。誰が検査しても同一の結果が得られる客観的な認知症の指標です。

ところが、その長谷川医師自らが認知症になり、その生活を一年にわたってＮＨＫが密着取材した番組が放映されました。かつて長谷川医師はある先輩から、「認知症の研究は自分が認知症になって初めて完結する」といわれたことがあり、認知症になった自分の姿を多くの人のためにカメラの前に晒すことを許したのです。

そこにあるのは、まさに「利他」の精神でした。それはアメリカの脳科学者ジル・ボルト・テイラーが、自分が脳梗塞になったときの様子を克明に記録して『奇跡の脳─脳科学者の脳が壊れたとき』（新潮社）に書いたように、愛に裏打ちされたすばらしい仕事でした。

人は高齢になると、死を前にして多くの人が認知症になります。けれどたとえいろいろなことを忘れても、その人らしさは失われることはなく、見ている景色も変わらないと、その番組の中で長谷川医師は自分の言葉で語りました。これは神が与えてくれた救い、恩寵だとも添えました。

その言葉を聞いたとき、私は本当にそうだと確信すると同時に、その深い洞察力にほっと救われました。

母もまた、最近はいろいろなことを忘れるようになりました。その代わり、声を立てて笑うことが多くなりました。けっこう口うるさく、しつけに厳しい母でしたが、少女のころの母はきっとこんな明るい性格だったと思うと救われました。

病院で寝かされていた間も、そこでの生活の記憶はサラサラと流れ落ちていくようで、けっして記憶にとどまりませんでしたが、「この大きな病院にはこんな施設もあるのね」と、目の前の一つひとつに感動する様子は、まるで幼子のようで、まさに今、この瞬間に生きていると感じられます。母への愛おしさがたまらなく溢れ出ました。

それは三カ月の入院の間に顕著になり、その愛おしさはやがて失われるという寂しさとセットになって、やがて来る別れをも予感させます。果たして私は、それを冷静に受け止められるかしら、と思うようになりました。

後悔しないように愛したい

『人は死なない』（バジリコ）を著した医師の矢作直樹さんは、その中で最愛の母との別れを記しています。夫を見送ったあと母親は、大きな家を処分して小さなアパートに一人で暮らしていました。ある日矢作さんはそのアパートを訪ね、共に食事をし、翌朝帰ります。母は矢作さんの姿が見えなくなるまで見送ったそうです。そして翌日、お風呂場で亡くなったのでした。

矢作さんはたった一人の弟さんを壮年期にがんで亡くしています。むろん家族の死だけでなく、医師として多くの人を見送るということを経験してきましたが、そうした死に立ち会うことで気づかされることが多かったのだと思います。矢作さんの本には、「人はけっして死なないのですが、死という別れは衝撃を与える」とあります。

縄文時代の古墳を見ると、自分たちの居住スペースの周りに、先祖や家族の遺骨を埋め、一緒に暮らしていた様子が窺えます。縄文人にとって、生と死は別ものではなかったのでしょう。

私たちは他人と自分を区別し、さらに親しい人とそうでない人を区別し、そうして選んだ人と特別な関係を結ぶことをよしとして、その特別な関係を失うことをとりわけ怖れます。

家族の死から立ち直れない人をこれまで幾人も見てきましたし、私自身、そうならないとはいい切れません。それをきっかけに私は自分の心を見つめてみました。

愛とは何か。死とは何か。果たして失うものはあるのか。

そう考えながら、気づいたことがあります。失うことを怖れるのは、人との関係性の中に、こうすればよかった、ああすればよかったと後悔があるからではないでしょうか。それならいっそ後悔のないよう、心を尽くして愛そう、関係を結び直そう、と。

相手が誰であろうと同じだと思いますが、当面は、母との間に心を尽くして、最愛の人と思って暮らしてみようと思いました。

そう思った途端、胸のつかえは消え、不安は消え去っていました。ちょっとでも不安が雨雲のように現われたら、その決意を思い出すことにしました。それまでずっとそうしてきたように、母は最後まで子どもに遺せるものを遺していくでしょう。私もそれをちゃんと受け取っていきたいと思います。

インターネットに掲載された「Lessons Learned in Life」という「年老いた母が娘に贈った手紙」という記事をご覧になった方も多くいらっしゃると思いますが、その詩は、私の心にも強く響きました。まさにいま体験していることであり、母の思いだと思います。

私のかわいい娘へ

私が老いていることに気づいたときには、落ち着いて受けとめてね。

何より、私が直面している状態を理解しようとしてほしい。

話をしているときに私が同じ話を何回も繰り返したら、

「さっき同じことといったじゃない」なんていって遮らずに、ただ耳を傾けていて。

幼いあなたが眠りに落ちるまで、私は幾夜も幾夜も同じ物語を読み聞かせたわ。

私がお風呂に入りたくないと駄々をこねても、怒って私を責めないで。

あなたが小さな女の子だったころ、言い訳をして逃げまわるあなたを追いかけてお風呂に入らせなければならなかったことを思い出して。

新しいものに対して私が無知であることに気づいたときは、
そんな目で見ないで、ゆっくり時間をかけて覚えさせて。

覚えてるかしら、私があなたにたくさんのことを教えてあげたこと。

正しい食べ方、お洋服の着方、髪のとかし方、そして毎日ぶつかる人生の壁との向き合い方まで、ね。

私が老いていることに気づいたときには、落ち着いて受けとめてね。

何より、私が直面している状態を理解しようとしてほしい。

私が何を話していたか分からなくなってしまったときは、思い出す時間をちょうだい。

そして、もし思い出せなくても、心配したり、いらいらしたり、馬鹿にしたりしないで。

私にとって何よりも大切なことはあなたと一緒にいることだということをわかってね。

私が年老いて、以前のように歩けなくなったときは、やさしく手をとって。

あなたが初めて歩いたときに、私がそうしたように。

そんな日がきても、決してさみしいだなんて思わないでね。

私が最期の日を愛情に包まれながら迎えられるように、ただそばにいて。

ともに過ごした時間、ともに過ごすことができた幸せを、あなたに感謝しています。

満面の笑みと、いつ何時も絶やすことのないあなたへの愛とともに伝えさせて。

愛する、私の大切な娘へ。

死は人を分かたない

思春期の私は、明日という日が来ない「死」が怖かった。だから若いころの私のなかでは、愛と死がいつのまにかセットになっていました。

今ではこの世にあるものは、さまざまな思いが作り出した人々の共同幻想だとわかり、愛と恋の違いもわかっているつもりですから、愛を死に対応させて考えるという極端なことはしなくなりました。

けれど母の介護をしながら、あの幼いときの死の恐怖心が甦ってきたということは、それがいまだに心に残っていることでもあります。そんなとき、私とは何か、という根源的なテーマに立ち戻るしかありません。

私とは何か。

肉体を纏っている私の本質は心であり、その奥にある魂です。魂だけが実在、ということを忘れないようにしたいと思います。

死は人を分かつものではなく、父の死がそうだったように、愛おしい存在はいつもそばにあることを忘れないようにしたいと思います。

人間関係の原点は家族といいましたが、私たちは人を思うとき、自分の思うようにしか見ることができません。いつもそばにいる家族でさえそうなのですから、まして他人を自分の思いを外して見ることは不可能です。

ですからそれを是正するには、自分の思いを変えるしかないのです。

人はあなたを傷つけるかもしれないと思えば、人はあなたを傷つけるでしょう。人を愛おしいと思えば、その思いは人を通してまた返ってきます。人との関係をよくしたいと望むなら、自分は今どんな思いをもっているのか、それに気づくしかありません。人との関係は、自分の思いを反映させているものだからです。

家族は自分の愛おしい心を知る、人と人を繋ぐ関係性の原点です。家族を通して、自分は人とどういう関係を結びたいか、考えてみてはいかがでしょう。

（第7章）

愛しかない

愛とは何か

その昔、『愛と死をみつめて』という映画がありました。愛と死は対極にあるもののように思われていて、それゆえ、その二つを合わせることでそれぞれのテーマを際立たせたのでしょう。

愛といえば恋愛だと思う人もいるでしょう。けれど、恋愛は果たして愛なのか。思春期の私は大いなる疑問を抱きました。きっかけは中学生の春休みに読んだ『風と共に去りぬ』(マーガレット・ミッチェル　新潮社)でした。アメリカの南北戦争を背景に、南の大地に生きる人々の夢と希望、そして失意と絶望を描いた小説ですが、そこにはさまざまな感情が描かれていました。淡い恋心、失意、嫉妬、燃える愛、絶望が湧き上がっては過ぎ去っていき、信じられるのは自分自身と自分を養ってくれる大地だけだと、立ち上がるスカーレット。

分厚いその本を読み終えたあと、私は何も手につかずボーッとしたままの時間を過ごしました。スカーレットの恋は中学生の少女を嵐のように揺さぶったのですが、その先に幸せがあるようにはけっして思えませんでした。むしろスカーレットとは対照的に、陰で周囲の人々を支え続けるメラニーのほうがずっと幸せそうでした。

それからも幾多の恋愛小説を読み、自分もいくつかの恋をしましたが、恋は自分ではない他者と一つになりたいという強い欲望であり、やがてそれは愛とは別ものだとわかるようになりました。

けれど「fall in love」というように、恋は落ちるものですから、やはり落ちることは大切です。恋愛もまたそこに自分が落ち込むことで、それまでの自分を変える大きなチャンスです。

動物に愛を教えられる

愛を語る相手は人間とは限りません。アニマルコミュニケーターの前田理子《りこ》さんは、猫や犬などの動物の声を聞いて、彼らの真摯な愛を知ります。

子どものころから犬を飼っていた理子さんは、結婚して慣れない土地に暮らし始めると同時に、マルチーズを譲り受けて飼います。このマルチーズがなんとも病弱で病院通いが続き、ついに亡くなってしまいます。理子さんには最期を看取る勇気がなく、動物病院で最期を迎えさせてしまいました。それから数年間、強いペットロスに陥り、泣き続けました。もう自分には動物を飼う資格なんてないと思うのですが、犬に触りたいという気持ちをどうすることもできません。

やがて理子さんはペットシッターという仕事を始め、ペットの面倒を見ることになりました。その仕事中、なぜか頻繁に野良猫に出会い、やがて野良猫たちを保護するようになり、ある日、老猫キキと出会います。キキが彼女の人生を変えました。口からダラダラ涎《よだれ》を垂らしているキキを保護して動物病院に連れて行くと、そこにはキキの声を聞き取れる人がいて、キキの気持ちをこんなふうに教えてくれたのです。

「この猫は、みんなに可哀想といわれるのが嫌なのですが、でもあなただけはそういう目で見なかった。だからこの人のところへ行き、この人を助けようと思ってやって来たの、といってますよ」

理子さんは驚きました。「アニマルコミュニケーション」という手法があることを知った彼女は、それを教える専門学校に通い、やがて動物たちの気持ちを聞くことができるようになります。それからさまざまな動物を抱えた人たちのリクエストに応えてセッションを開くようになり、その都度、動物たちの飼い主に対する深い愛（逆ではありません）を知るようになるのです。

もともと彼女は自分への評価が低く、自信をもてなかったのですが、動物の言葉を理解することで彼らの真摯な愛を知り、その仕事を続けながら、やがて自分の心も解放できるようになります。そしてこういいます。

「トラウマというのは、自分がつくり出したものです。それを見つめることで、いい悪いではなく、どうしてこういう考え方になるのか、どうして同じことばかり繰り返すのか、なぜこれがこんなに嫌なのか、それはまたどこから来ているのかなど、いろいろ考えます。それは自分の生まれた家、育った環境から来ていることが多いのですが、それもまた自分で選んできています。そうしたことに動物との関係のなかで気づけたとき、自分自身が解放されました」

長年自分に自信がもてなかった理子さんでしたが、動物を介して愛を知り、今では多くの人を救う日々です。その仕事を通して互いに歓び合う素敵な女性です。そんなお話を聞くたびに、愛の力はやはりすごいなあと思います。

愛する能力

愛について考えるとき、エーリッヒ・フロムの『愛するということ』（紀伊國屋書店）という本を手にした方は少なくないと思います。三十年以上前にニューヨークで出版され、今も世界中で読まれているロングセラーです。原題は『愛の技術』だそうですが、冒頭に書かれている言葉を思い出します。

「自分の人格を発達させ、それが生産的な方向に向くよう、全力を上げて努力しないかぎり、人を愛そうとしても必ず失敗する。満足のゆくような愛を得るには、隣人を愛することができなければならないし、真の謙虚さ、勇気、信念、規律をそなえていなければならない。これらの特質がまれにしか見られない社会では、愛する能力を身につけることは容易ではない。実際、真に人を愛することのできる人を、あなたは何人知っているだろう」

他者に執着し、所有したいと思えば、そこには嫉妬や恐怖、敵意が生まれ、愛とは遠く離れたものになってしまいます。では執着の実体は何でしょう。

クリシュナムルティは、執着の基盤はひとりきりでいることの恐怖、孤立していることの恐怖、空虚さ、自分自身の不足感だといいました。そこから安定を求めようとして人は執着をするのだと。そして、執着のなかに愛はないとして、次のように続けます。

「人は苦しみから何かを学んだり、苦しみから学ぶべき教訓があると思っている。しかし、そうではない。苦しみから逃げることなく、その中にとどまり、苦しみを和らげようとしたり慰めを求めたりせず、それらから離れることなく、それをあるがまま観察するとき、そのときに人はたぐいまれな心理的変容が起こるのを見る」（『生の全体性』平河出版社）

それが愛であり、慈悲心だというのです。

マザーテレサとの約束

では、愛の対極に考えられる死とは何でしょう。

死について考え続けてきた柴田久美子さんのことを思い出します。柴田さんは日本マクドナルドの創業者藤田田氏の秘書をし、ライセンス店店長をしながら猛烈に働いたことで身体を壊し、家族と離れ、死を考えるようになります。

小学六年生のときに、胃がんで「くんちゃん、ありがとう」と握った手の中で逝った父のことを思い出します。その部屋の障子の桟はキラキラと光っていて、そういう荘厳な光景をまた見たいと思い、やがて「日本看取り士会」を設立し、看取り士を養成していきます。

柴田さんはまず特別養護老人ホームで働き始めるのですが、入居者がそこで最期を迎えることはありません。それまで一生懸命面倒を見ていた方が、いちばん大事なところで病院に連れて行かれてしまい、本当の最期には立ち会えないのです。たとえ立ち会えたとしても最後は部屋から出され、ひたすら総合的に延命治療が施される時代でした。

柴田さんが有料老人ホームで出会ったおじいさんは、中村天風さんの天風会に所属する弁護士さんでした。「積極的な思考が人生をつくる」とずっと話していたそうです。「柴田くん、私はここで死ぬからね」とおっしゃるので、「私が最後までついていますから」と返していたのですが、結果的には病院で延命治療を受けながら亡くなりました。ご家族の意向だったようです。当時、本人の希望どおり旅立てるということはめったにありませんでした。

よく「尊厳ある死」といいますが、尊厳というのは自己決定です。本人の意志です。それは憲法にも保障されていますが、いちばん最後には守られません。どうしますかと家族に確認を求めても、本人にではありません。

認知症だからわからない、という人もいますが、そんなことはありません。認知症にも波があり、調子のいいときに聞けば自分のことはちゃんとわかっています。最期のときには我に返り、ちゃんと死を受け入れることができると柴田さんはいいます。自分のことがわからないのではなく、表現ができないだけなので、だからその前に本心を聞いてくださいとお願いしているそうです。

もう一つ大きな問題があります。「旅立ち」があった老人ホームの部屋には、誰も入りたがりませんから、そうならないように最後は病院に搬送するのだそうです。死をマイナスなものとして忌み嫌う風習があるからです。ですから老人ホームでは死ねません。

最後に尊厳が奪われてしまうのなら、人間は何のために生きるのだろうと柴田さんは思い悩みます。結局、彼女は介護施設を退職し、医療機関のない離島に移り住み、独力で老人たちの看取りを始めます。

さまざまな問題が発生しました。

柴田さん本人が、顎下腺《がっかせん》にがんができて緊急入院することになってしまいました。病院ではマザーテレサの写真をベッド柵にかけて「命が救われたら看取りの家をします」とマザーに誓い、「ですから助けてください」と駆け引きをしました。

最初は、なぜ自分がこんな病気になったのかと思い、その次に怒りが出てきて、やがて神さまと駆け引きをしたのです。エリザベス・キューブラーロスの死を受け入れる五段階、①否認と孤立 ②怒り ③取り引き ④抑うつ ⑤受容というステップと一緒でした。

手術前夜、術後は声が出なくなるかもしれないと医師から調眠剤をもらったものの、柴田さんはそれを飲んではいられない、自分の声が出るうちに周りの人にお礼をいいたいと思い、夜中みんなを叩き起こして「ありがとう」と片っ端からお礼をいって歩きました。

結果、手術は成功、失うはずの声も残りました。

退院するとマザーテレサと約束したとおり、自宅で死にたいという人のために看取りの家「なごみの里」を開き、看取りをするだけでなく、今は多くの看取り士の養成をされています。

死とは胎内に還ること

私は、柴田久美子さん・船井勝仁さんの共著『いのちの革命』（きれい・ねっと）をつくるなかで、柴田さんが看取り士になるまでの話を聞き、看取り士になるためのセミナーに取り入れている「胎内内観」を体験することになりました。

それは、内観をしながら看取り士を続けていくなかで「死とは胎内に還ることだ」と柴田さんが気づいたことから、看取り士の研修に入れているものです。胎内にいたときのことを思うことで、人は死の瞬間に人生をフラッシュバックするといわれていますが、それを体験するためだそうです。

私自身はそこまでの体験はなかったものの、自分の愛おしい「いのち」をたしかに抱きしめることはできました。その「いのち」を育んでいるのは、人の思いを超えた宇宙の意思であることも感じました。

柴田さんは、生まれることと死ぬことは同じ、産む性が女性なら、看取りは男性の仕事だと捉えてみたらどうか、ともいいます。

柴田久美子さんこそ、何度も「落下」を味わった人です。そして、それをきっかけに、次なる仕事に果敢に立ち向かってきた人です。

その仕事が二〇一九年、映画『みとりし』になりました。主演は俳優の榎木孝明さん。柴田さんとは彼女が看取り士を始めたころに会っていて、「いつか看取り士のことを映画にしよう」と話していたとのこと。

東京で上映された初日、舞台挨拶に立った彼女に久しぶりに再会しました。少し前にがんが再発したと聞いて心配していました。

上映後にお話をすると、がんになったので急いで映画にしなければと榎木さんに連絡を取り、映画化が実現したそうです。心配した柴田さんのがんは消えていました。「次にしなければならない仕事ができたの。だからがんも消えたのよ」と、彼女は笑っていいました。

なんて素敵な笑顔なのでしょう。「第二の人生」についても、彼女には大いに語ってもらいたいものです。

死んだらどこへいくのか

私が手がけた本の中に、霊界のことを書いたものがあります。『私たちは死んだらここに帰ります』（高橋呑舟・きたよしお共著　徳間書店）『霊界案内』（きたよしお　徳間書店）です。

霊界といえばスウェーデンボルグの『霊界日記』（静思社）が有名ですが、きたさんの場合は、現世の肉体をもったままあの世を体験し、それをリアルに覚えたままこの世に帰ってきます。きっかけは、十六歳のときにバイク事故で臨死体験をしたことです。以来、霊界に呼ばれ数十回行き来しています。彼は霊界の案内人を班長と呼び、その班長から霊界に行くスケジュールを教わります。深く瞑想に入り、気づくと霊界にいるそうです。きたさんの役割は、こうした死後の世界やそのシステムを人に伝えることです。

死んだら終わりだと考えている人もいますが、そうではありません。それを知っているのと知らないのでは生き方も変わりますし、結果として死に方も変わります。

きたさんによれば、じつは亡くなる二カ月くらい前に、霊界から本人に「死の予告」が入るそうです。それは感じない人も多いようですが、なんとなく無意識に死期を感じて、必要な行動をとる人は多くいます。お年寄りが「そろそろお迎えが来る」といったりするように、太古の人は自分の死期を知っていました。

きたさんが見てきた死後の世界を少し紹介しましょう。

死んですぐに行く世界は聖霊界。地球から600キロくらいのところにありますから、比較的近いところです。といっても次元は異なります。そこで、これまで生きてきた人生の反省を終え、その後、霊界に行きます。

霊界には第一霊界、第二霊界、第三霊界と三段階あり、その上に天上界があるそうです。霊界に行けずに地獄界に行く人もいるようです。霊界に行った時点で、次の人生を始める人、しばらく霊界に留まる人、守護霊としての役割をする人などに分かれます。

人間の本質は肉体ではなく霊体であり、その霊流（エネルギー）は、この世にも達していますから、「あの世とこの世は一つにつながった世界だ」ときたさんはいいます。物質的な存在でありながら、同時に霊界と繋がった霊的存在でもあるというのです。

人間界の法律は人間に都合のいいようにできていますから、霊界のルールとはかけ離れています。もともと霊界にあったものが人間界に降ろされたのが地上の世界ですが、人間の利害が絡んで歪んでしまいました。霊界の基本にあるものは利他です。人のためにどれだけできるかという利他愛が尊重される世界です。ですから死後は、もっぱらそれが問われるようです。

きたさんは今、地獄界に行く人が増えていることを嘆いています。本来霊界が九で地獄が一の割合ですが、今はその比率が八対二、あるいは七対三になってきたからです。できるだけ元のバランスに戻す必要があるため、きたさんの役割があるのでしょう。

死後の世界は、宇宙の本質である利他愛であるため、この世より遥かに住み心地の良いところのようです。

運命を受け入れる力

最近亡くなった大切な友人、赤松瞳さんのこともお話ししたいと思います。彼女は世界的に活躍していた脳科学者でしたが、事故に巻き込まれて突如亡くなりました。彼女はそれを予知していました。

死の数時間前、電話で話していた知人に「これから遠くに行かなければならなくなり、しばらくお話しできませんが、いずれコンタクトします」と告げたそうです。それを聞いて、私は以前彼女から聞いた話を思い出しました。

瞳さんはかつてオーストラリアに留学中、前世療法と呼ばれる催眠療法を行なっていました。クライアントの問題を解決するために、催眠をかけてその問題と関連する過去世を思い出し、その意味を見出す療法です。

オーストラリアでのある日、留学中のインドネシアの生徒さんに退行催眠をかけたとき、当人は自分の過去ではなく未来を見たそうです。催眠にかかっている間、急に「私が地震で死ぬのが見えます」といい出しました。驚いて「なんですか？」と聞き返すと、「来年スマトラ島に大きな地震が来て、多くの人が亡くなるのが見えます」と。スマトラ地震で起きる大津波を見ていたのです。そして「私は地震で死ぬのが見えます。家族と一緒に死ぬのが見えます」と続けました。

瞳さんは驚いて、「それではインドネシアに帰らないほうがいいのではないですか」と返しました。するとその人は「私は今生それを決めてきました。今生は自国で死にます。でも大丈夫です。私はすでに来世を決めていて、また家族と一緒に生まれ変わってきます」と答え、さらに「新しい地球が見えます。争いのないみんなが幸せな新しい世界が見えます。私は新しい地球に生まれ変わってまた来るのが楽しみなんです」といいました。その後、二〇〇四年のスマトラ沖大地震当日の一週間前に片道切符でインドネシアに帰国し、実際にそこで亡くなったそうです。

私はそのことを思い出し、瞳さんも同じ気持ちだったのではないかと思いました。地震や災害などに遭っても助かる人と、そうでない人がいます。安全なシェルターを作って万全な防御体制を取っていた人が別の場所で死んだり、大災害の真っただ中で何事もなかったように奇跡的に助かる人もいます。生まれるときに自分の使命を決めてくるように、死に方もあらかじめ決めてくるのではないでしょうか。

そこにいい悪いはありません。いい死に方、悪い死に方もありません。あるのは自分が決めてきたことができたかどうか、それだけ。もしできなければ、それをまたやり直すだけということかもしれません。

そのことに自然に向き合っている人、時間をかけてそこに至る人、あるいは逃げ続けている人もいるかもしれませんが、そこにもいい悪いはないと思うのです。

ワンドロップ・プロジェクト

清水浦安さんと初めてお会いしたのは十数年前、縄文遺跡にご一緒したときでした。数年前に再会したとき、すぐにはあのときの清水さんだと思い出せませんでした。仕事が変わると、その周辺の人間関係も変わってしまいます。お互い、昔とはまた違った地平で出会ったのです。

その後、清水さんとお会いするたび、そのお話が私にはおもしろくてたまりません。彼が愛宕なみさんという良き仕事のパートナーを得て、一緒にワンドロップ・プロジェクトを始めました。私もやがて手伝うようになりました。

清水さんは愛知の生まれ。十八歳のとき、東京に遊びに行きたいと親に相談します。清水さんの父親は彼の商才を見抜いていたのでしょうか、彼に居酒屋チェーン店で働くことを提案し、やがて一家は家業の呉服屋をたたんで上京。独立してお店を構えるまでになりました。清水さんは近くのお弁当屋さんに興味をもつようになり毎日観察を続け、その後、

「ホッカホッカ弁当」を始めました。チェーン店が五十八店舗に増えたころ、あろうことか大手企業がその商標権を巡って訴えてきました。強引な訴訟でしたが、大企業と争っても勝つ見込みはありません。清水さんは相手のいうとおり和解し、看板を下ろしました。

それでも彼はひるみません。今度はアメリカ発祥のピザのデリバリーを見つけると、これはおもしろいと、またその店に通って観察をしながら、またまた独自のピザチェーン店展開を始めます。清水さんはいったんこうと思い込むとひたすら行動に移しますから、ビジネスはサクセスします。

ところが、また突発的なことが起こります。父親がビジネス拡大のために三億九千万円の借金をして、それが彼の肩にかかったのです。

半分返し終えても、返済はまだまだ続きます。そのころから、どこからか声が聞こえ始めました。声の主はやがて霊界の中村天風さんだと判明。なんと天風さんは、清水さんにある頼み事をもちかけ、その代わりに借金の返し方を手取り足取り教えてくれたのです。利息だけでも月に百五十万円ほどもあるのに、「毎日きっちり一万円ずつ銀行に返しに行くように」とのアドバイスです。

銀行ではすっかり顔を覚えられ、担当者が本店に異動して責任者になるなど不思議な事態が続出し、数年後に借金は無事完済。天風さんは銀行の頭取をやっていたこともあるので、そのあたりの事情には詳しかったようです。

借金を返し終えた清水さんはまた新たなビジネスを始めようとしますが、天風さんは「ビジネスはきみの本来の仕事ではない」と諭します。そして自分の頼み事を清水さんに伝えます。天風さんは、生前わかっていたものの霊界に戻ってから確信したことがあり、それをみんなに伝えてほしいというのです。

「すべての人の霊魂《たましい》には創造主の一雫《ひとしずく》が入っていて、それをワンドロップという。それに心を合わせて生きれば、天命を全うすることができる」

清水さんは、それがどんなに大変なことかわかりませんでしたから、軽い気持ちで頷《うなず》きました。それから十三年後の今日まで愛宕なみさんと共に、天上界の計画に邁進することになります。清水さんでなければ、あの純粋な素直な心でなければ、こんなことはできないと私はいつも感心します。

イエスの依頼でつくられた「生命交響曲」

あるとき、清水さんのもとにイエスが現われ、「生命交響曲をつくるように」といいます。清水さんは、「そんなことは自分にはとてもできない、誰かもっとふさわしい人に頼んでください」と何度も断ります。

すると、「ベートーベンが作曲した交響曲第九番『歓喜の歌』の詩を見なさい」といわれます。シラーが書いたその歌詞には「神は星空の彼方にいるため跪《ひざまず》いて祈るもの」とありました。

「もはやそういう時代ではない。すべての人は神の子であるということを自覚し、人間の子ではなく神の子としての歓びの歌を歌ってほしいのだ」と、イエスは重ねて告げるのです。「作曲は宮川昭夫さんに」という指名も付いてきました。宮川さんはポップミュージックを作っている人だから交響曲なんてつくれるわけがないと清水さんは思うのですが、あまり何度もいわれるので、ある日、宮川さんに聞いてみました。宮川さんは、しばらく宙を仰ぎ見ながら「できます」と返したので、これまた清水さんはびっくりします。「それはすでに天上にある音楽だからです。自分はそれをこの世に下ろすだけなので、できると思います」と、宮川さんは答えたのです。

生命交響曲は四楽章からなり、美しい調和の世界から始まったメロディーは、第三楽章に移ると、重く、暗い音の響きへと変わります。戦争が起こり、自然破壊も始まります。続く第四楽章では、再び自然が蘇って、調和の世界が戻り、静かな歓びが響き渡ります。その歓びの歌を聖歌隊が舞台で歌い上げようというのです。

そして「生命交響曲」は完成しました。

指揮をレーベンバッハ管弦楽団を率いる根本昌明さんにお願いすると、「交響楽団で歌うなら、聖歌隊は二百人必要」といわれ、それまでの五十名の東京の聖歌隊以外に、清水さんと愛宕さんは全国をまわってメンバーを募集。その結果、東京以外に名古屋、大阪、広島、岡山、福岡、鹿児島の新たな拠点からメンバーが揃い、フルメンバーによる猛練習が始まりました。

清水さんと愛宕さんはその歌詞を作詞するのですが、それを歌うたび、聴くたびに、胸に迫るものがあり、自然に涙が溢れます。聖歌隊のメンバーも歌いながらよく涙ぐんでいます。

初演は二〇一七年十二月二十四日、さいたま市文化センター大ホールで行なわれました。会場は都内のホールすべてを当ったものの年内の空きはなく、隣県さいたま市の文化センター大ホールだけが唯一、しかも十二月二十四日が空いていたのです。最初から十二月二十四日という聖なる日を狙っていたわけではありません。

私はワンドロップ・プロジェクトのプロセスをずっとそばで見ていたことで、神の計画が実現されるかたちを目の当りにすることになりました。

天上ですでに決まっていることが、この地上世界でかたちになるためには、一人ひとりがそれに向き合い、ひたすら手繰り寄せていく情熱がなければなりません。

限られた時間の中でそれを達成するということは、一歩一歩着実に駒を進めるようなものので、その果てにようやくゴールに辿り着くことができます。

コロナがもたらしたもの

二〇二〇年は新型コロナウイルスが流行し、三月にはパンデミックの様相を呈しました。コロナウイルスの拡大と共に、社会も人々も不安に陥りました。これは人工ウイルスだとか、さまざまな情報がネットを介して拡散されましたが、飛び交うそうした情報の中で、もっとも腑に落ちる情報が清水浦安さんからもたらされました。

二〇一九年にオーストラリアで発生した山火事は、いつまで経っても収束を見ず、コアラやカンガルーなど多くの動物たちが焼け出される様子が連日、映像配信されていました。

動物たちの犠牲は十数億ともいわれ、そこに植物や土壌菌やウイルスなどを含めると、想像もつかない数の命が犠牲になりました。死んだ動物たちの霊は、人間とは別の動物霊団に還りますが、そこに還った動物霊たちが変質して、コロナウイルスとなってこの世に現われた――というのです。

しかも、その場所は、オーストラリア大陸の反対側の北半球にある国々、コロナが発生した中国、韓国、そして日本という地域に該当します。コロナを悪者扱いしていますが、コロナの意識は人間を苦しめようという禍々《まがまが》しいものではなく、人間の意識を変えるために出現したというのです。

人間が自分たちの欲に走ってきた結果、犠牲になった自然環境は、このまま進めば地球もろとも破壊に進んでしまいます。地球はすでに悲鳴を上げています。何のためにこの地球に生まれてきたのかを考えると、私たちが地球と共に再生するためには、自分たちの意識を変えることが必須です。そのためにコロナは現われたというのです。

深く納得しました。

コロナは神のメッセージ

弁護士の秋山佳胤《よしたね》さんは、自ら取り組んでいる神聖幾何学のスタンスから、コロナを次のように捉えています。

コロナの形霊《かただま》は、正五角形（コ）と正六角形（ロ）が調和（ナ）した形。

そこから読み取れるのは、水（五）と火（六）の調和（七）であり、火（か）と水（み）が調和する神のメッセージだというのです。

人々のコロナに対する恐怖感は神に対する畏敬の念と類似しており、私たちは、与えられた自由意思で自らを創造するとき、神としての役目を果たせるといいます。

こうしてみると、コロナの出現は必然だったような気がします。コロナの出現によって、私たちのものの見方、生き方がいま改めて問われていることがわかります。

では、どうすればいいのか。

現象や物質世界に振り回されないで、目には見えない本質の世界を理解する以外ないだろうと思います。

この世の中で目に見えるものがすべてと捉えている人にとっては、コロナは恐ろしい、恐怖心を煽るものでしょう。しかもコロナ禍だけでなく、このコロナ禍対策を含め、社会は大きく変容しようとしています。経済活動が停滞することで不安は一層煽られ、政府も「健康か、経済か」という選択に迫られ、大きく揺れています。

いずれにしても、これまでの貨幣経済をはじめ既存の社会システムは変容させられようとしています。それをポジティブに受け入れられる人と、ネガティブに捉える人に世界は大きく分かれるでしょう。

これまでとはまったく違う新しい展開が起きるとしたら、これまでの経験や体験は参考になりません。そんなときは自分で判断しないで、宇宙や天、自然の摂理に任せるのがいいと思います。刻々と変化していく目先のことにとらわれず、ただじっと静観するのです。

宇宙情報で問題を解いていく高橋呑脩さん

コロナウイルスに対して、私たちは消毒したり殺菌したりして徹底的にウイルスと闘おうとしています。「アートテン技術（現在はSIスペースインテリジェンス）」を開発した高橋呑《どん》脩《しゅう》さんは、人間たちが菌を殺そうとすればするほど菌は耐性を作り、より手強い毒になると指摘しています。そのためこれまで高橋さんは有害ウイルスだけでなく憑依した霊などすべてを、消すのではなく「成神《じょうしん》」といって天上に上げてきました。

彼はかつて対ソ連戦の訓練を続けていた幹部自衛官でしたが、一九九一年ソ連が突如崩壊したことをきっかけに国内に目を転じ、外敵よりも日本国内の内部崩壊しかねない様相に危惧をもったのです。そして四十五歳で自衛隊を退職し、富士の裾野に「現代健康研究所」を作りました。

主な目的は三つ、食糧安全保障、パンデミック安全保障、そして高齢化社会における医療崩壊対策です。団塊世代が後期高齢者になるときの社会保障費、それと共に生じる国民健康保険、介護保険、年金などいずれも破綻しかけていて、国が内から潰れかねないと思ったのです。

自衛隊を辞める前から、整体、さらに「新氣功」を学び、そうした研究を重ねているうちに、やがて宇宙情報を取れるようになりました。頭の中に十桁の数字が降りてくるようになり、それを曼荼羅模様に転換して使用します。そうした宇宙情報に争いはありません。あるのは進化だけです。

私は高橋さんの近著『見えないものが動かす世界』（徳間書店）ほか三冊をつくり、常に努力し進化しようとされるその様子を目の当りにしてきました。わかったのは、宇宙の意思に即した仕事をしていれば、宇宙は限りなく応援してくれるということです。私はこのことを深く心に刻みました。

コロナを愛で包む

前出の赤松瞳さんは、時空を超えて必要な情報をとる千里眼「リモート・ビューイング」の持ち主でした。「ミクロプシー」という方法を使えば、意識で体内を透視したりミクロの中に入ることもできました。そういう彼女が、新型コロナウイルスの意識と対話をしました。彼女によれば、新型コロナウイルスは人工ウイルスで、その人工ウイルスに話しかけると、そのウイルスが泣いているように見えたといいます。

人工的に作られたウイルスは、自分の存在に困っている様子でした。自然に戻ろうと帰る場所を探し、混乱していたのです。体内で増殖を繰り返すのですが、それは増殖することで自分たちを弱体化させ、元に戻ろうとしているからだといいます。そこで彼女はウイルスに謝り、精いっぱいの愛情を送り、愛情の光でウイルスを包み込むと、ウイルスは消えたのです。

ホピ族の長老は、一九八〇年にすでに今回のパンデミックを予言していました。どんなに偉大な学識のある人間たちが、どんな対処法を開発しても効かない、無駄である――とはっきりいっていました。長老が告げたのは「自然に帰れ」「答えを地球に探しなさい」でした。

赤松さんはその予言にしたがって、「還元発酵乳酸菌」というサプリを地球にある自然素材で作りました。元になるものはアカマツの炭。アカマツという母なる地球からもたらされたものを中心に、さらに植物という地球の力を借りて、体内に調和をもたらし、より大きな目覚めが起きることを望んで作られました。

人の根源は変わらない

伊那谷に住む加島祥造さんのもとに、原稿整理を手伝うということで毎月通った日々はまさに珠玉の日々でした。

加島祥造さんといえば、独自の「老子」訳や、自然を描いた詩画で知られています。英文学者でもあった加島さんは六十歳を過ぎて英語版で読んだ「老子」に感銘を受けて『タオ ヒア・ナウ』（ＰＡＲＣＯ出版）を出版。さらに『伊那谷の老子』（朝日新聞出版）『タオにつながる』（朝日新聞出版）などを著しながら老子への思索を深め、そのエッセンスから紡がれた詩集『求めない』（小学館）は、ベストセラーになりました。

晩年の作品『大の字の話』（飛鳥新社）を読むと、加島さんの根っこにあった素直さ、柔らかさ、人間愛を感じられます。人はいろいろな変遷を繰り返しますが、元は変わらないのだと思い至ります。

十歳だったある夏の昼下がり、加島少年はお寺の畳の上で大の字になって寝ていました。ふりしきるミンミン蝉の声を聞きながら、どこか遠くへ運び去られるような気がして、いつしか深く眠り込んだのです。目を覚ましたとき、起き上がりながら「ああ、いい気持ちだった」と呟きます。

その日の「気持ちよさ」は格別のもので、それは加島さんの無意識に入り、長い生涯、忘れることはなかったといいます。大学で教える日々を終え、大好きな伊那谷に住み、女性を愛し、詩を書き、絵を描き、自由に暮らした加島さん。

樹林の中に建つ日本家屋の入口には、加島さんが毎月発行されていた小冊子「晩晴館」の表札が掲げられていました。家屋の窓からは冠雪した駒ヶ岳や仙丈ヶ岳が美しく輝いて見えました。
晩晴館に着くと「ああ、よく来たね」と破顔で迎えてくださり、帰る日には、本当に寂しそうに遠くに視線を移す加島さんの姿が今も脳裏に焼き付いています。

信仰を深めるためにする修行

その加島祥造さんが九十二歳で亡くなったとき、いち早く駆けつけてお経を上げてくださったのが、僧侶の野口法蔵《ほうぞう》さんでした。野口さんは加島さんの四十九日を自宅の隣に立つ八角堂で法要してくださいました。ご縁が繋がり、私は野口さんの座禅断食会に参加するようになりました。本当は、仏教画家の奥さまの手料理のほうに惹かれていたのですが……。

野口さんは、若いころは新聞社のカメラマンでした。アジア、インドを歩き、やがてマザーテレサの「死を待つ人の家」に辿り着きます。そこではマザーテレサのシスターたちが、コレラが蔓延する最前線に立って救援活動に当っていました。医薬品不足で人がバタバタと死んでいくなかで、シスターたちにコレラが感染することはありませんでした。外国から来たジャーナリストや国連の職員たちは次々とコレラに感染して退却を余儀なくされるなかで、シスターたちは無防備であるにもかかわらず無事なのです。

しかもコレラにかかった赤ん坊を抱き上げ、その子を助けようと口移しで息を吹き込んだり食べ物を与えようとしていました。そんなことをすれば百パーセントの確率で罹患《りかん》しそうなものですが、彼女たちは感染しないのです。

野口さんは大きな衝撃を受けました。「なんてことをしてるんだ」と思いながら写真を撮っていた野口さんはコレラに感染してしまいます。そこから信仰とは何か考え、チベットの深山にあるお寺に向かいました。

その野口さんがこんなことを教えてくれました。

人生には三大質問があるといいます。

一つめは「あなたは何のために生まれてきたのですか？」

二つめは「あなたは何のために今生きているのですか？」

そして三つめは「あなたが働く目的は何ですか？」

この人生の三大質問に、日本人は即答できるか、と野口さんはいいます。どれだけキャリアを積んできた人でも即答は難しいです。ところが、インドでは子どもに聞いても即答するそうです。チベットの遊牧民の子も。

これに即答ができないと、何のために生きているかもわかりません。何のために死に向かっているのかもわからなくなってしまいます。人生の目的がはっきりしないということは大問題です。それではうまく死ねないし、うまく死ねないということは、うまく生きられません。当然、悩み事も尽きないというのです。

「何のために生まれてきたのか」という問いに対しては、「前世に自分のしたことによって生まれてきた」と彼らは答えます。カルマの法則です。

「何のために生きているか」と問われると、「人は徳を積むために生きている」と答えます。ビルマであれ、タイであれ、どこであれ、仏教圏では人は同じ答え方をするそうです。「何のために働くのか」と問われると、「悟るためにやっている」と答えます。「悟るため」とは、自分が納得できる生き方を噛みしめるために、手応えのある生き方をするためにです。

インドの身分制であるカースト制は、こういう考え方から来ているそうです。インド人はカーストの上下にかかわらず、どんな職業の人も強いプライドをもっています。たとえ物乞いでも、自信と誇りをもって物乞いをしているそうです。自分のことをまったく卑下しません。野口さんはインド滞在中、物乞いに英語で説教されたことがあるそうです。

この人生に生まれたのは前世に原因があり、今生は、どんな来世を迎えるかということの原因となりますから、死ぬまで徳を積む努力をしなければなりません。

死が終わりであるとは誰も考えておらず、次のスタートと捉えています。ですから、ギリギリまで生きることに努力し、良い来世を願って、諦めずに徳をより多く積もうとします。仕事も徳を積む手段であり、同時にそのなかで悟りを得ることのできる大切な道なのだと。

このことは近く出版される野口法蔵さんと鈴木秀子さんの共著『悟りから祈りへ』（佼成出版社）に詳しく書かれています。

瞑想と祈り

私が四十代から始めた瞑想はあまり真剣なものではありませんでした。

ある瞑想グループの紹介で、ジョーティシュという古代占星術家がインドから来日するというので、私もセッションを申し込んだのですが、あらかじめ送ったデータがインプットミスで違っていたことがわかり、出直すようにいわれました。時間をやり繰りして再度そこへ車で向かう途中、会場の前で、右折中に直進してきたトラックに正面衝突。結局セッションを受けられませんでした。

その理由を知りたいと、瞑想教師などさまざまな人に答えを求めたのですが、納得のいく回答は得られませんでした。そこで神の声を聞くという人を訪ねました。

当時、日々仕事に追われながらも、朝晩九〇分の瞑想を欠かしたことがなかったのですが、その人は「まず、それをやめなさい」といいます。インドでは、瞑想するのは静かな生活が送れる往年期（林住期）であり、今は瞑想するより働きなさいといわれました。

納得した私はそれ以降、気が向いたときだけするようにしています。とはいえ、かつて瞑想で救われたこともあり、瞑想の効用はわかっているつもりです。今は、祈りを大切にしようと思っています。

祈りの効用について、再び赤松瞳さんの言葉を紹介します。


私たちは意識や祈りで人間以外の生物とコミュニケーションできます。

たとえば、チベットの密教徒をたくさん集めて水に向かって祈ってもらうと、水のpHが酸性からアルカリ性へ変化したとか、誰もいない別の実験室の部屋の温度を上げるように祈ってもらったら、実際に温度が上がったという結果が出ています。その他にも、たくさんの人が祈ることによって、ありえないくらいの確率で犯罪率が減少したというデータもあります。

これらの不思議な、いわゆる霊的な世界に関しても科学が入るようになり、意識によって物理的な世界にも私たちは影響力をもつ、ということがだんだん証明されつつあります。

さらに、「私」という個でなく、「私たち」と集合的に思ったほうがパワフルだということもわかっています。英語圏の人は「I think」（私は思います）といういい方をしますが、私たち日本人は「私たちはこれを変えたいと思う」とか、「私たちは水をアルカリ性にしたい」というように複数を表わす「たち」をつけます。そのほうが効果が倍増することがわかっています。

これは逆にいうと、日本の集合的な意識の文化はじつは、祈りに最適なのです。普通日本語では、英語のように「私は」という主張はあまりしません。「そうですよね」「きっと良くなるよ」「やめたほうがいいよ」などは、「私はこう思う」ではなく、私以外の人もそこに含めています。こうした日本語の表現方法が集合意識を動かしやすいのです。

赤松さんは、祈りは日本人には馴染み深いものだといっていますが、たしかにそう思います。その歴史は縄文時代にまで遡ります。一万年以上、戦争がなかった縄文時代。人々は、言葉として、日本語の四十八個の音を使っていました。

柚木沙弥郎《ゆのきさみろう》が描いた『魔法のことば』（CRAFT SPACE）という絵本があります。

「みんなが同じ言葉をしゃべっていたとき、
言葉はみな魔法の言葉で、

人の頭は、不思議な力をもっていた。
ぐうぜん口をついて出た言葉が、
不思議な結果をおこすことがあった。
言葉は急に生命をもちだし、
人が望んだことがほんとにおこった――
したいことを、ただ口に出していえばよかった。
世界はただ、そういうふうになっていたのだ」（抜粋）

私は、これこそが縄文時代のカタカムナの世界だと思います。

言霊の力

吉野信子さんの本づくりを手伝うことで、私はカタカムナの深い世界を知りました。吉野さんは子どものころから世界の架け橋になりたいと願い、国際線のキャビンアテンダントになりました。世界をまわってわかったのは、他でもない日本という国のすばらしさでした。通訳をしながら、独学でその秘密を学ぶうちに出会ったのがカタカムナでした。

二〇一二年、ロンドンパラリンピックに参加するゴールボールの日本選手団のサポートに熱中しているときも、一刻も早くカタカムナの研究に専念したいと願っていました。そこである実験を試みました。日本チームの一人ひとりの思いを文章にし、それを繋げ、言霊「ロンドンパラへの誓い」を作成して、選手たちに毎日唱えてもらったのです。

迎えた本番、なんとチームは決勝まで上り詰めました。選手が口々に「ボールが見える、動きがわかる」といいました。「誓い」に出てくる一節でした。そしてついに、金メダルを取ってしまったのです。

ロンドンから帰国すると、吉野さんはゴールボールの仕事を引退し、カタカムナの研究に没頭しました。これこそが世界平和をつくるものだと確信して。今は「言霊伝道師」と名乗り、カタカムナ学校を開いて、その普及に努めています。

最近お会いしたカタカムナ研究者の古山明弘さんは、「カタカムナ　ウタヒ」の第四首「イハトハニ　カミナリテ　カタカムナ　ヨソヤコト　ホグシウタ」の解釈について、次のように語っています。

「現象界の極微粒子・動きの因子の重合によって、力が現象界のあらゆるハタラキになるのがカタカムナであり、この現象をヨソヤコト・四十八の言葉にホグシて、ウタに示します」

日本語の四十八音は、その組み合わせで、この世の中に現われているあらゆる現象を語っています。それゆえ日本はまさに神の国であり、カタカムナ人はカミビトだったと思います。

言葉は、私たちが思い使っている以上の、すごい働きをもっているのです。それを使っていたのが縄文人。私たちはそのＤＮＡをもっているのです。

古山さんはある日、脳梗塞で倒れ、突然失語症になりました。意識を失う直前に宇宙語のようなわけのわからない言葉を突然喋り出し、そばにいた人たちは驚いたそうです。けれど古山さんは自分では日本語を話していたと記憶しています。

一年間言語を失い、失語症状態が続きました。何かを話そうと思っても言葉は出てこず、言葉とは何かを考え続けていました。まず概念があり、それを表わす言葉の周辺を行き来して、一年後、行き着いたのがカタカムナという縄文時代の言語だったといいます。

いま思えば、私が人生に行き詰まった二十五歳のとき、それを打開するために求めたのは言葉だったのですが、カタカムナを知ったとき、あの直感は正しかったと思いました。カタカムナこそ、思念と矛盾のない言葉がそのまま形になる世界。その遠い記憶が日本人のＤＮＡに残っているのです。

カタカムナとは縄文時代に使われていた言葉だといわれていますが、私たちが使っている言葉の概念を遥かに超えたものであり、その詳細はまだ明らかになっていません。一万年以上戦争のなかった日本古代の文明を解明しようと、今日多くの人がその解明に挑んでいます。

カタカムナ文明に向き合う

私が清水浦安さんに初めて会った当時、清水さんはカタカムナの研究に夢中でした。新潟の朝日村にあった縄文時代の遺跡を見に一緒に出かけたのです。その日のことを私は忘れることができません。

二台の車で信越を通り抜けて日本海側に出て、日本海に面した断崖絶壁の細い道を北へ北へと進むコースを取りました。思いのほか時間を要してしまい、現地に着いたときにはあたりはすっかり暗くなっていました。でも遺跡の周辺だけはほの明るく、温かみすら感じられました。

円形の集落跡には複数の縄目のある壺や碗が置かれていたのですが、清水さんはその一つひとつを手に取っては、これが宇宙エネルギーを取り込んだ壺だとか、医療器具として使われていた棒だとか、何の目的で使われていたのかをまるで見てきたかのように説明するのです。前に述べたように、清水さんは当時お弁当屋チェーン店を手放し、新たにピザチェーン店を始めたころで、仕事の合間に全国の縄文遺跡を調べ歩いていました。

縄文時代にあったカタカムナ文明。この現象界の背後にあって、この世界を支配している潜象界の物理を捉えるものとして、そこでは量子論や相対性理論、超ひも理論などの原理が語られています。

母音でできた日本語のすばらしさ、それを感知する日本人の脳は、他の民族とは異なるようです。

清水さんに縄文についてインタビューしました。

縄文人たちは何を考えていたか

新谷 今、縄文ブームらしいです。そういえば清水さんに二十年前に初めてお会いしたとき、一緒に新潟の縄文の遺跡を見に行きました。

清水 朝日山系でダムの工事中に縄文の遺跡が出てきました。そこがダムの底に沈んでしまうというので一般公開したのを一緒に見に行きましたね。そこはマタギの里でもありました。

新谷 そのころ、清水さんは縄文にはまっていましたね。

清水　そのころ、僕はお弁当屋さんのチェーン店を手放し、デリバリーのピザ屋さんの会社の代表になっていたのですが、毎日夜中までの仕事で、ストレスが溜まっていました。そんなある日、縄文の時代があり、一万年続いたということを知りました。そこには、戦争なんてなかった。

　稲作が日本に伝播したのは弥生時代。瓊瓊杵尊《ににぎのみこと》が高千穂の嶺に降りたときに携えていたのが、天照大御神から授かった稲穂と三種の神器です。瓊瓊杵尊は皇祖皇宗《こうそこうそう》に、そうして神武天皇の時代になります。

　縄文というのは、今から一万五千年前から始まっていて、それが日本の歴史の始まりといわれています。戦後になって初めて教科書に「縄文時代」というのが記載され定着しました。明治時代の初頭、エドワード・シルベスター・モースというアメリカの動物学者がやってきて、大森の地形がおかしいとして調べたのが大森貝塚です。発掘してみると縄文の土器や貝が出てきたのです。貝塚は日本各地に二千三百カ所くらいありますが、大森貝塚からは、土器のほかにネックレスやブレスレットなどの装飾品も出てきました。

新谷　清水さんは、縄文人が何を考えていたのか知りたかったのですね。

清水　エジプト文明の発祥は五千数百年前、ヨーガは五千数百年の歴史があるといわれていますが、縄文時代は一万年以上なんです。そこに人間がいて、骨の形も現代人の僕たちと同じ。ということは心もあったはずです。思ったり考えたりしていたはずです。今とは価値観が違っていて、心がとても平和だったのではないでしょうか。日本の全国各地に縄文遺跡がありますから、そこそこ人もいたはずです。

三内丸山《さんないまるやま》遺跡にも何回か行っていますが、そこは大きな集落で、住居は竪穴式に石を組んで、柱を立て、藁《わら》で屋根をふいていました。暖をとるために真ん中には暖炉があり、しかも煙が抜けるようになっています。じゃあ、この人たちは何を考えていたのだろう、と僕は思ったのです。

いま縄文が人気だといわれましたが、人気があってあたりまえで、「原点に還れ」ということではないでしょうか。僕は彼らに非常に衝撃を受けて、ものすごく興味をかきたてられました。たとえば先日も北海道で地震がありましたが、現代生活には電気は不可欠で、それが止まると生活できなくなってしまいます。ガスも水道も使えなければパニックが起きます。大阪でも、岡山でも、広島でもそうでしたね。ところがこの時代には電化製品も照明もありません。電気の生活が始まったのは、わずか百年前のことです。

縄文人は生命エネルギーを自在に使っていた

清水　だけど人間が身体をもって生きている限り、必要なものは当時もありました。気候変動も飢餓もあったでしょう。その中で衣食住があり、住んで、食べて、着て、つまり裸で歩いていたとは思えません。各地の土器を見ると弥生式とはまったく違います。弥生式の水瓶は溜めることが目的ですから、効率よく水がいっぱい溜められるようになっています。ところが縄文時代は火焔土器に代表されるように、底が小さく入口は火が燃えたような形、火焔状になっていて、水をいっぱい溜めるというものではありません。

何よりいちばんの特徴は縄です。縄目のある紋様です。縄を編む文化には繊維がなければなりません。紐を作っていたということです。材質は自然のもの、麻みたいなものだと思いますが、それをＤＮＡの二重螺旋状のように編んでいた。それを粘土の上に置いて上から押さえると縄目紋様がつきます。それぞれみんな違っていて個性的ですが、たぶん女性が作ったのでしょう。

もう一つ興味をもったのが、うちの女房によく似ているのですが、「縄文のビーナス」に代表されるふくよかな女性たちです。土偶だけでなく素焼きの粘土板もたくさん出ています。それも女性をかたどったものが非常に多いのです。女性美の価値観も今とは違います。どんな女性が理想かというと、妊婦さんです。妊娠している女性が豊かさの象徴でした。そこには、生命が生まれるということ、生きるということ、次の子孫に繋がっていくことへの祈りが込められています。

僕はこの縄文の縄目を見ながら、生き方とか考え方（生き方というのは思い方ですから）、何を大切にしていたのかということをずっと考えていました。彼らが日常的に見ていたのは人為的でない自然です。まわりを見渡してもビルなんてないのですから。もちろん燈《あかり》もありやしない。だけど、朝日が上がれば太陽が、夜になれば天の川が手に取るように見えました。雄大な星空が手に取るように見えた。彼らはそんな世界観、宇宙観の中にいたのです。川の水も音を立てて流れていたし、風の音も聞き分けていたでしょう。

縄文は宇宙文明だった

清水　縄文は宇宙文明だというのは、宇宙の価値観だったからです。縄文時代には「方位石」というのがあり、そこに東西南北が示され、太陽が昇る位置も計算されていました。同じように「星座石」もあり、大きな石に天の川銀河が刻まれていました。現代人とは違って暗闇に慣れていますから、夜でもよく見えるのです。彼らは現代人には見えない星も見えていました。悩むことも少ないわけですから、食べて生きていくために自然に学び、どんぐりや栗を食べたりしていました。そして集落の玄関を南に設け、自然のエネルギーが全部集まるように設計しました。

火焔土器もエネルギーが器の中に集中するように作られていたのです。僕は実際、自分で土器を作って実験したこともあります。ばかなことをいろいろやっていました。縄文と弥生の土器を作って調べてみたら、縄文土器に入れた水は腐りにくいのです。縄文土器の内側は炭がついていないのに、外側は焼けています。あれは外側から焼いたのです。そうして水を沸かして、その水の中にエネルギーを取り入れていました。

新谷　朝日村の縄文遺跡でも、清水さんは土器を一つひとつ手に取り、これは何に使っていたのか、説明してくれていましたね。エネルギーを取り込む器だったり、治療器もありましたね。

清水　あのころは寝食を忘れるほど縄文にはまっていましたから、人が入っちゃいけない神社の杜に入ったりして、いろいろ調べていました。そういうところにも人が住んでいた形跡がありました。縄文人は肉眼だけでなく霊眼も使っていました。中村天風先生は、人の肉体は間脳から先にできるから目はあとだといっていますが、魂はまず松果体の中に入ります。第三の目がいちばん先にできるから、そこに魂が入るのです。

第三の目を使えばエネルギーもプラーナなども見えたから、プラーナがいちばん集まる食物をとって食べました。食物も生きるのに必要なものだけとります。蓄えるとかそういう考えはありません。そして祈りの対象は女性。子孫に繋がる生命繁栄の存在でした。

僕の考えでは縄目紋様というのは、先祖を子孫に繋げていく二重螺旋のＤＮＡを見ていたのだと思います。だから縄文のマークはぐるぐる回っている「カタカムナ」、隼人族《はやとぞく》のマークなんです。あれは永遠の生命の循環を表わしています。宇宙はメビウスの輪、永遠の生命がずっと続いていく生き物ということを表現しているのです。彼らはいのちの本質がわかっていました。だから争う必要がなかった。食べ物を蓄える必要もないから無欲です。死という観念も永遠の生命に還るという感覚でした。

平和で豊かな暮らし

新谷　いまそのことを人々は思い出す必要があると感じ、思い出そうとしているのでしょうね。

清水　いまの文明は行き詰まっています。この前の北海道の地震で電気が消えたとき、夜空の星がとてもきれいだったといっている人がたくさんいました。そういえば3・11のときも、自然災害だけでない、原子力発電という文明による危機に直面しました。そんなことが重なってみんな原点に戻ろうとしていますし、多くの方が目覚め始めているような気がしますね。でもまだ多くの人は電気がないと、やはり怯えます。

縄文時代にも寒い冬はありました。そして気がついたのは、縄文人って豊かだったのではないかということです。彼らには家が四軒ありました。つまり別荘をもっていたのです。

それは食にも繋がっていて、この季節にはこういう果物がなる、この季節は台風が来ると、春夏秋冬の四シーズンの家があったのです。所有権はありませんから、どこでも自由に住めました。

新谷　そのころはお金の代わりに貝を使っていたといわれています。

清水　貝は交換手段に使っていました。たとえば海のものと山のものを交換するための交換の証に、またネックレスやブレスレット、イヤリングの交換にも貝を使っていました。

文字は必要ありませんでした。霊感で相手のいいたいことがわかっていたから、意思疎通には困らなかった。以心伝心です。現代人は相互不信の中で自我本位で生きているから、相手が何をいいたいのかわかりません。でも、そのころは、人だけでなく自然とも対話しながら共に生きていました。台風や災害が来ることも察知していましたから、そういうときは安全な場所へ移動していたと思います。

新谷　私たちは今、そういう暮らしへの回帰があるということですね。

清水　ワンドロップはみんなもっていました。もともと人間は宇宙から来た魂だということもわかっていました。イギリスにもストーンサークルやストーンヘンジがありますが、それらは共振するといわれています。日本でも環状列石といって、いろんなストーンサークルがあります。あれは上から見ると見えやすく、方位石や、パラボラアンテナのような

20メートルくらいの人工的なお椀状のものもあります。意識は上からも見えていたので、それでエネルギーを表現していました。

そこで僕は実験しました。家を建てる地鎮祭のときに四隅に竹を立ててお祓《はら》いをしますが、そういう場を作って、中に入ったらどういうことができるか。縄文の縄のように分厚い麻で編んだ縄を100メートルほど買って渦巻きにし、ぐるぐる回る隼人族のマークを作って、どんなエネルギーが体感できるかやってみたのです。外と中はまったく違いました。渦巻きの中を通っていくと、いろんなものが抜けていくのがわかります。渦巻きも環状列石もそうですが、そうすることで上からエネルギーが下りやすくなります。彼らはそうしたエネルギーを利用しながら住居を作っていました。

貝塚の発掘現場をいろいろ調べてみると、全国で二百種類くらいの貝や魚を食べていたことがわかります。ゴミ置場はちゃんと分別され、貝はきれいに洗われていました。これも実験してみたのです。北海道や沖縄では風化サンゴを今も売っていますが、あれは水や土地を浄化します。ケガレチがケガレチでなく、イヤシロチになるのです。きれいに洗った貝をいったん天日で干して貝塚にした形跡があります。そうすることで場の周波数も変わり、エネルギーの浄化ができました。そういう知恵があったのです。

集落は円形ですが、天円地方《てんえんちほう》といって、天は丸く、地は方形という宇宙観からきています。宇宙は円だから、宇宙エネルギーを集落に集めるためにはそういう形になるのです。環状列石も丸です。

相撲の土俵も四角の中に丸を作っていますが、真ん中にエネルギーが集まるようにしたのです。そこで裸になってぶつかりあう相撲はご神技であって、勝ち負けではないのです。シコを踏んで地ならしをしながら、エネルギーを高めました。人間はみんな神の宮という考え方です。

そして妊婦さんは、生命が次に生まれる神の豊かさの象徴です。次に繋げていかなければ続きません。神の宮を維持するために食べるわけです。邪念がないから、食べるものは自然のもので、かつ集落はエネルギーが高い。水だって腐らないようにエネルギーの入る甕《かめ》を使っていました。魂は天のもの、肉体は地のものとして還元していました。

死者を埋葬するときは壺の中に、今でいう体育座りのような、膝を抱えた姿勢で遺体を入れていました。いつでも生きて行動できるようにしたのです。肉体は死んでも魂は死なず、すぐ蘇ることを知っていたのです。

母系制社会で女性は神だった

新谷　平和だったのは、いのちの本質がわかっていたからでしょうか。

清水　そうです。しかも母系社会だったから戦うことはなく、それゆえ平和だったのです。土偶を作るとか何かを編むというのも、女性中心でした。それに対して男性は役割分担で狩猟をする人もいたし、槍を作る人もいました。毒を使って狩猟していたという人もいますが、食べるものに毒を使うことはありません。クジラも食べていたし、クジラの骨で作った装身具もあります。驚くことにナウマンゾウもいました。日本は大陸と続いていたからです。

夢中で調べながら、僕は発掘現場の地中に入ってみたり、星明かりで本が読めるかどうか試したりしていました。暗いところにずっといると、暗闇でも本当に見えるようになるのです。

新谷　朝日村の縄文遺跡を見に行ったときも、日が暮れていたのに、その一角だけはほんのり明るく、暖かかったですね。

清水　そうです。今、縄文に関心をもっている人が増えているというのは、みんなその記憶をもっているからですよ。ワンドロップ、自分の命に聞くということは、かつて縄文人だったころの記憶があるからです。恵みを与えてくれる自然は全部神だったし、生命を産む女性も神だった。それが祈りの対象であり、豊かさの象徴であり、そういう命の記憶だった、と僕は受け取っています。

新谷　私も二十年前にはわからなかったあの縄文遺跡の真実が今、意識の中で立ち上がってきたような感じがします。清水さん、縄文のお話をされるときは本当に楽しそうに、子どものような目になっていますよ。

縄文とカタカムナ

新谷　縄文の叡智はカタカムナから来ているようですが、清水さんがのめり込んだのは縄文とカタカムナ、どちらが先だったのですか。

清水　縄文という大きな流れの中でカタカムナに出会いました。カタカムナ文明というのは、宇宙人という意識をもっている人のそれ、だと思います。たとえていうなら、宇宙人が神と見間違うほど神々しい形で降りてきて、シャーマンのようにいろいろな知恵を伝えていくのです。スタンリー・キューブリック監督が作った映画『２００１年宇宙の旅』に猿が出てきますね。人間の祖先は猿ではないので、あの映像は間違って描かれていますが、モノリスという石板みたいなのが立っています。あれにおっかなびっくり触った猿がいました。すると知恵がついて、彼は棒きれを持って振り回すようになりました。いろいろな生きる宇宙の叡智、それを僕はワンドロップといっていますが、つまり宇宙意識ですね。

いま私たちは空に星を見ていますが、そうではない、目に見えない宇宙があります。裏側というか、目には見えないものすべては裏にある生命エネルギーとして表われます。驚くことに縄文人はこの裏側にあるエネルギーのことも知っていました。

国宝として有名な東北から出土した遮光器土偶というものがあります。宇宙服を着たような格好をしていますが、あれはエネルギー体が発光してまぶしくて人の目には入らないので、アバターというか、宇宙服みたいなものを着て降りてきて、縄文人に知恵を教えていたのです。いつ降りて来るか縄文人もわかっていたから、みんなでそれを囲んで、内なる声なき声で話を聞くのです。そこから広まったのがカタカムナ宇宙文明です。

出自不明の不思議な人物、平十字《ひらとうじ》が当時イヤシロチを研究していた楢崎皐月《ならさきこうげつ》に教えたといわれていますが、カタカムナというのは星のエネルギー、宇宙の元素の同位体、アイソトープです。肉眼では見えないけれど、エネルギーで満たされている立体的なものです。

一九八〇年代のアメリカ映画に『コクーン』という作品がありました。一万年前に地球を訪れた宇宙人の話で、彼らは光の身体（ライトボディ）ですが、それと遮光器土偶の宇宙服を脱いだ中身は同じものです。

新谷　遮光器土偶は、雪中眩しいのでスノーゴーグルをつけていたのではないかという説明がありましたが、笑っちゃいますね。カタカムナ神人だったのですね。

清水　進化するために叡智を授けてくれる人が宇宙から降りてきていました。磐座《いわくら》に降りてきて共振し始めると、言葉を超えたバイブレーションが放たれ、受け取る人たちもそれがわかるのです。あ、そうかと思って、みんなが同じことをしだします。

アイソトープといいましたが、それは同位元素ともいわれ、元のエネルギーは全部そこからできています。「霊《ひ》」ともいいますが、大元のエネルギーの表現はこの物質世界では物質化して、それぞれに元素番号がついて元素になります。カタカムナの文字がそれを表わしています。カタカムナ人は見えないものに対しても深い目で見ていたからＤＮＡの二重螺旋も知っていて、それを模して縄目紋様の土器を作りました。単に物を入れるものではなく、宇宙エネルギーを入れる装置であり、宇宙のエネルギーを使う超科学だったのではないかと思います。カミオカンデの装置もカタカムナといえます。つまり、地下に作った水瓶を大きな縄文土器として、そこにニュートリノを集めて観測しようとするものです。

新谷　私もカミオカンデの中に入りましたが、あの場には何か大きな知の集積があると感じました。そうした高度文明は、弥生時代にどうして引き継がれなかったのですか。

清水　人は進化のプロセスを経ていますが、同時空間にいながらみんな意識が違うから、違う世界のように見えるのです。現われてくるものは意識によって変わります。

縄文文化はなくなったわけではなく、同時に存在しているのです。縄文に共感したり、関心をもつ人はその意識に近いところにいます。同じ空間にいながら、違うのです。同じ二十四時間でも意識の時間は違うし、そこに流れているのも違います。縄文時代は人々が裸で洞穴に住んでいた、というような考えはもう捨てましょう。高度な文明があったのです。必要でないものは現われない、それだけです。必要なときにまた現われます。

新谷　パラレルワールドですね。宇宙空間には別のものが同時に存在していて、意識によって住むところが変わる、というわけですね。そして今、縄文ブームなのは、そうした意識に近づいているということもあるのでしょうか。

清水　弥生時代になって米作りが始まり、所有・支配の世界が始まり、それが行くところまで行って、今は大きく反転する時期に来ています。マラソンの折り返し地点です。目覚めていく人も増えています。地球もエネルギー体、生命体ですが、そこには振動数があります。地球の振動数を科学的にシューマン振動数といい、それが7・8ヘルツという人もいます。

ワンドロップ・プロジェクトにどうして聖歌隊を作ったかというと、天地を繋いだ意識状態で歌うと、その振動数が宇宙の意識に変わり、地球と共振しだし、本来あった地球の振動数に変えていきます。それを目的にしているのです。

新谷　清水さんが縄文、カタカムナ研究していたころはまだ時代が追いつかず、そしていまワンドロップ・プロジェクトをされているのは、それがまさに時代に必要とされていることだからなのですね。ありがとうございました。

愛しかない

自分のこれまでのことを振り返り、また旅の途上で出会ったさまざまな人を思い返しながら紹介してきました。私自身、出会いの中から多くを学んだからです。

私たちは自分で生きているつもりでいますが、本当は目に見えないさまざまなものに助けられて、いまを生きています。出会いもまた、宇宙の意思がないと出会えないといいます。

それなら、自分で生きているという思いから離れ、やってくるものに身を任せてみる。これまでやってきたこと、考えてきたことから離れてみる。そうしたときに現われるのが愛ではないか、と思います。

いいことだけでなく、苦しいこと、辛いこと、大変なことを起こしてくれるのも、また愛。ようやくそれがわかりました。

私が受け入れられない、受け止められないものを、愛が起こすこともまたありません。それも私が体験済みです。

しかも、この世で起きるさまざまな出来事、いいことも悪いこともすべてこの空気のなか、空気に包まれて起きています。この地球の空気こそ、私たちを生かしてくれている愛に他なりません。

そして、死も本当はないのだと思います。私がいま生きているのは、今回の私の人生で起きていることだけではなく、かつて経験してきたすべてのことに支えられていると思うからです。死んでも、魂は覚えています。

私はこのことを伝えたかった。

存在はひとつ

「自分の本を書きなさい」と今回、背中を押してくれた存在がいました。お二人でしたが、存在はひとつです。

一人は黒田月水《くろだげっすい》さんという琵琶奏者。彼女は子どものころから音が色や形として見える人でした。高知県土佐清水市の家の二階から山や海を眺めるのが好きで、海からの風が木々の葉をひるがえし、風の通り道ができるのを見ていました。その風は葉っぱに当りながらシャラシャラという音を立て、光の塊や影として見えました。人の声を聞くときもそれは色や形になって、その人に必要なメッセージを伝えてくれるようになりました。

「本を書きなさい」と私にいったのも、彼女のリーディングによって私の声に現われた方からのメッセージでした。

それからほどなくして、清水浦安さんを通して倭姫命《やまとひめ》さまから黒田月水さんと同じメッセージをいただきました。人さまの本をつくるお手伝いをしてきた私は、自分の本を書くということはこれまで考えたこともありませんでした。でもお二人にいわれたことを無視することはできませんでした。

私の仕事のテーマは「気づき」でしたから、これまでの多くの出会いを振り返ることで、自分自身、何らかの気づきを得られるのかもしれないと思いました。

書き終えたいま思うことは、私の身に起きたアンハッピーな「落ちる」出来事はすべてありがたかったものであり、愛だったということです。この世界は愛しかなかったのです。

倭姫命さまは、「表紙の絵は作宮杏奈《さくみやあんな》さんに描いてもらいなさい」とおっしゃいました。杏奈さんは、『はじめて地球人になる日』『地球にそっくりな不思議な地球』（清水浦安著　共にダイロク）の絵を彫り絵《ほえ》で描いている若き画家です。ピュアで真っ直ぐなその世界は、多くの人の夢をあと押ししています。

杏奈さんが描いてくれたのは、美しい、新しい地球でした。そこは人も動物も植物も共に暮らす楽園。そうした新しい地球に私たちはいま「第二の人生」を経て向かおうとしています。

そしてその絵は、原稿が進まなかった私を常に励まし、引っ張ってくれました。

自分の思いを手放せば、さまざまな助けがやってきます。存在はひとつだからです。

自分の望むこと、そして望まないこと、この世界で起きることはすべて愛が起こしています。それが自覚できる、新たな地球にご一緒しませんか。

（あとがき）
神の恩寵を受け入れる

「はじめに」で紹介したリチャード・ロール氏は、『上方への落下』の中でこう述べています。

「後半生とは、老いること、健康問題にわずらわされること、肉体的活動を手放すことだと漠然と考えていますが、まったく逆です。

落下と見えるものは、上方への落下、前方への落下によって、より広く深い世界に入ってゆくこととして体験され、そこでは魂は完全に花開き、最終的に全体へと繋がり、『大いなる絵』の中で生きられるようになるのです」

それを実感させてくれたのが、私が出会った多くの人々でした。成功を求める「第一の人生」ではなく、成熟へと導かれる「第二の人生」へシフトした人々です。それが本当の道ではないかと思ったのです。

真の人生ともいえる第二の人生を生きるには、これまでの思考的習慣を見直さなければなりません。社会の通念や常識、いつのまにか身につけた思考的習慣から抜け出さなければならないのです。自由になることで、その人本来の人生を生きられるのだと思います。私自身そう生きたいと思いますし、また多くの人にそうあってほしいと願います。中村天風さんは、私たちの人生は「思考の総量とその質」だとおっしゃっています。何を考えたかではなく、その質だと。

第二の人生へのシフトを決めた人は、人に助けられることを望むのではなく、人を助けるために生き始めます。これもまた第二の人生の大きな特徴です。


占星術家のマドモアゼル・愛さんは、つい先日、ご自身のＹｏｕＴｕｂｅで「ピンチの時にしかわからない人間の本質」というお話をされていました。

絶体絶命に陥ったとき、腹をくくり、抵抗せずにそれを受け入れると、なぜか安心感が湧き、思わぬことをきっかけにして、そのピンチを終えていくことができるというのです。神さまとの対話が始まっているのであり、それはピンチの時にしか現われない本質的なことだと。

また、頭のいい人ほど自分でなんとかしようと頑張り、腹をくれないとも。

神と対話をすることが人間の本質だとおっしゃったことに、私は大きく頷いていました。「落ちる」ことは一見、最悪な出来事のように見えます。良し悪しを云々せずにただそれを受容したら、新たな道が始まります。そこで、生まれる前に決めてきた魂の道が立ち上がってくるのです。それに気づき、歓びに満たされること、それが「第二の人生」だと思います。最悪と思えた出来事は、じつは「神の恩寵」に他ならなかったのです。

原稿をほぼ書き上げたころ、風雲舎の山平さんからお電話がありました。

「なにか、いい原稿ない？」

「私の原稿でもいいですか？」

こうして、この本はできました。

山平さんとは、じつに不思議なご縁です。

山平さんが風雲舎をつくって最初に出されたのが、船井幸雄さんの『自然の摂理に従おう』でした。それは私が聞き書きとして書かせていただいた最初の本でした。

これもまた、自然の流れなのでしょう。

すべてに感謝しかありません。
ありがとうございました。

二〇二一年初春に

新谷直慧

新谷直慧（しんたに・なおえ）
岐阜県飛騨市神岡に生まれる。東京女子大学短期大学部卒業後、シンクタンク、出版社勤務。三十六歳のとき、ある一冊の本をきっかけに本の役割を再認識し、編集制作会社リエゾンを設立。五十六歳、会社をたたんでフリーランスに。現在は出版企画、編集、ゴッドライターとして本の制作に携わるほか、トークイベントやセミナー等のコーディネーターとしても活動中。
http://liaison-ten.jp

落《お》ちる！　そこから〝第二《だいに》の人生《じんせい》〟が始《はじ》まった

初刷　2021年3月5日
2刷　2021年4月30日

著者　新谷直慧

発行人　山平松生

発行所　株式会社　風雲舎

〒162-0805　東京都新宿区矢来町122　矢来第二ビル
電話　〇三-三二六九-一五一五（代）
FAX　〇三-三二六九-一六〇六
振替　〇〇一六〇-一-七二七七七六
URL　http://www.fuun-sha.co.jp/
E-mail　mail@fuun-sha.co.jp

DTP　中井正裕
印刷　真生印刷株式会社
製本　株式会社　難波製本

ISBN978-4-910545-00-4

風雲舎の本

遺伝子スイッチ・オンの奇跡
工藤房美（余命一ヵ月と告げられた主婦）
「ありがとう」を10万回唱えたらガンが消えました！

「きみはガンだよ」と、著者は宣告されました。進行が速く手術はムリ。放射線治療、抗ガン剤治療を受けますが、肺と肝臓に転移が見つかり、とうとう「余命1ヵ月です」と告げられます。著者はどうしたか……？

四六判並製◎［本体1400円＋税］

いま目覚めゆくあなたへ
――本当の自分、本当の幸せに出会うとき
マイケル・A・シンガー（著）／菅靖彦・伊藤由里（訳）

ラナハ・マハルシは、内的な自由を得たければ、「わたしは誰か？」と自問しなければならないと言った。「あなたは誰か？」。さあ、あなたは何と答えるだろうか？ 心のガラクタを捨てて、人生、すっきり楽になる本。

四六判並製◎［本体1600円＋税］

サレンダー（自分を明け渡し、人生の流れに身を任せる）
THE SURRENDER EXPERIMENT
マイケル・A・シンガー（著）／菅 靖彦（訳）

世俗的なこととスピリチュアルなことを分ける考えが消えた。流れに任せると、人生は一人でに花開いた。

四六判並製◎［本体2000円＋税］

ほら起きて！ 目醒まし時計が鳴ってるよ
（スピリチュアル・カウンセラー）並木良和

そろそろ「本当の自分」を思い出そう。宇宙意識そのものの自分を。

四六判並製◎［本体1600円＋税］

アカシックレコードと龍
――魂につながる物語――
ジュネ（Noel Spiritual）

龍の声がした……「お前は特別ではない。だから選ばれたのだ。だが、お前は自分を特別だと勘違いし、走ろうとしたであろう」――「アカシックレコード」をダウンロードされ、龍と出会った私の旅。

四六判並製◎［本体1500円＋税］

白隠さんの『延命十句観音経』を読む
汝のこころを虚空に繋げ
――虚空はいのちだから――
（帯津三敬病院名誉院長）帯津良一

そこに繋がると「何をしたいんだろう？」「なぜ生きてるんだろう？」などが見えてきます。

四六判並製◎［本体1500円＋税］